KB265496

여성이 답이다

공 주 를 위 한 여 성 이 야 기

남성들에게 여성성을 모른다고 말하려는 것이 아니다. 남성을 여성화시키기 위해서, 또는 누구를 가르치기 위해서도 아니다. 다만, 진리를 찾다 보니 나름으로 바른 정신을 추구하게 되었고, 그걸 인간 현실에서 찾는 가운데, 진리와 가까이 있고 닮아있는 여성성을 보게 된 것이다. 나아가 인간덕성인 여성성을 통해, '관계와 협력'의 인간과 우주의 근원을 찾아가고 싶은 것이다. '인류행복·세계평화'를 위해서.

글
지원

종이거울

일러두기

1. 신문기사를 주로 인용했다. (독자들이 시대의 흐름과 사회적인 변화를 현장감 있게 느낄
   수 있도록, 그리고 현실을 바탕으로 미래를 감지할 수 있었으면 하는 뜻에서다.)
2. 엄청난 정보에 대한 취사선택 방법을 신문에서 찾았다. (아무리 뛰어난 사람이라도 혼자
   의 힘으로는 다양한 분야에서 날마다 쏟아지는 많은 정보를 취사선택해서 활용하기란
   어려운 일이다. 그렇다고 모든 분야에 멘토를 둘 수도 없기에, 신문을 활용하기로 했다.
   1000원 안팎의 돈으로, 시사적인 논평이나 칼럼을 통해, 새로운 정보를 보다 깊이 이해
   하고 심층 분석할 수 있어서다. 신문사마다 입장이 다르다는 점 때문에 손에 닿는 여러
   신문을 살폈지만 시골이어서 한계가 있었다.)
3. 오늘의 시대, 우리 인류의 생존과 공존의 방법은 '관계와 협력'이 대의명분임을 사회현상
   과 맞물려 설명하고자 시도했다. (개인은 말할 나위도 없고, 개인과 국가, 국가와 국가 간
   에도 이 명분은 같다. 해서, '관계와 협력'은 '세계평화 · 인류행복'의 다른 이름으로 썼다.)
4. 고전이나 금언들을 본문에 넣었다. (본문을 보다 쉽게 이해하는 보조적인 도움과 독자들
   이 잠깐 쉬어가는 정자 역할을 위해서다.)

연리지 나무 같은 이야기

정목(正牧) 스님 | 인터넷 유나방송 공동대표, 정각사 주지

한 가지 생각이 떠오르면 밀고나가는 뚝심이 남다른 송암스님은 안 되는 일이 없는 사람이고, '할 수 없다. 안 될 것이다. 해 봐야 소용없다.' 이런 방해되는 생각들이 그에게는 힘을 쓰지 못한다. 이번에도 기어이 일을 냈다. 사람은 자신이 가장 잘 알고 하기 쉬운 것을 하려고 하는데 송암스님은 남들이 하기 꺼리거나 힘들다고 여기는 분야가 있으면 오히려 더 흥미를 느끼고 파고든다.

그의 성격이 괴짜라서가 아니다. 사람들에게 평화를 보탤 수 있는 일이라면 두 발 벗고 나서는 그의 투지, 신앙심 때문이다. 이번에 출간되는 그의 책, 『여성이 답이다』를 읽으면서 나는 또 한 번 놀랐다. 내가 요즘 고민하는 주제와 너무도 일치해서다.

치유라는 말이 온 세상에 널리 퍼져 위로를 필요로 하는 요즘, 나 또한 여성의 에너지, 어머니의 에너지로 현대인을 치유할 수 있다는 생각을 하고 있었다. 모성은 우주의 본성인지도 모른다는 생각이 들어서이다. 모성을 통해 세상은 치유되고 생명의 힘을 얻

게 될 것이라고 본다. 송암스님이 쓴 이 책도 그런 모성의 힘과 중요성을 잘 파악해 설명하고 있다.

나무와 나무의 간격이 너무 가까워 더 이상 비켜 설 곳이 없을 때, 자신의 껍질을 스스로 벗겨 상대 나무의 삶을 보살피는 연리지 나무가 있다. 서로 살을 붙여 제3의 세포를 형성하여 더불어 살아가는 지혜로운 생존을 터득한 연리지,

그와 같은 이야기가 이 책 속엔 가득하다. 바람과 햇빛을 양보한다는 것은 나무에게 생존의 문제임에도 기꺼이 상대에게 자신의 영역을 허락하여 함께 관계 맺고 협력하는 연리지의 지혜로운 삶처럼 우리의 미래도 수용과 협력으로 밝고 아름답길 두 손 모은다.

2013년 3월 정목

내 마음의 우렁각시를 찾아

이주향 | 교수, 수원대 철학과

스님의 원고를 다 읽고 느낀 소감을 한 문장으로 말한다면, 네가 있음으로 내가 있고, 내가 있음으로 네가 있다는 거였다. 내가 멋지면 너도 멋지고 내가 힘들면 너도 힘들다. 네가 힘들면 나도 힘들고, 네가 멋지면 나도 멋져진다. 그것이 내 마음에 내재된 여성성을 돌아보아 확인한 사람들의 세계다. 그렇다면 여성성이 병든 사람은? 멋진 사람을 보면 화가 나고, 누군가가 내 덕을 볼까 벽을 친다. 그는 사랑에 인색하고 자비를 두려워한다.

처음엔 스님이 왜 '여성' 얘기를 하나 의아했다. 이제는 알겠다. 고해(苦海)라고 해도 무방할 거칠고 험한 세상살이에서 지친 영혼들에게 말을 걸기 위함이다. 삶이 가혹하다 느낄 때는 네 안의 여성성이 답이라고—.

들끓는 욕망의 바다에 빠져 방향을 찾지 못하고 괴로워하다 강퍅해진 중생들에게 너 안에 관세음보살, 혹은 마리아를 찾아보라고, 그녀가 길을 인도해주고 있다고 간곡히 말하는 것이다.

자신의 인생을 걸고 자신, 아니 '나[我]'를 찾아가는 스님이 책으로 돈을 벌고자 하겠는가, 아니면 '허명(虛名)'을 지향하는 것이겠는가. 스님이 붓을 들어 소박하고 정직하게 말하게 된 것은 바로 안타까움이라 생각된다. 평소 스님을 찾아 삶이 힘들다고 하소연하는 사람들에 대한 안타까움! 그들을 힘들게 하는 것은 북한의 김정은이나 중동의 테러리스트가 아니었다. 그들을 힘들게 하는 것은 의외로 가까운 사람들, 바로 가족인 남편이고 아내나 자식들인 불가분의 인연들이었다.

가족의 행복과 평화를 일궈내지 못하는 자가 '세계평화 · 인류행복'을 이야기 하는 일이 어찌 공허하지 않을 수 있을까. 스님이 말한다. 만일 아내가 어머니와 다투면, 무조건 아내 편을 들고, 남편이 친정아버지와 다투면 무조건 남편의 편을 들라고…….

거기에서 시비를 따지는 판사가 되려 하지 말고 눈치를 살피면서 어정쩡한 중간자 입장을 취하면 안 된다고.

여성성은 내 속의 관세음보살, 혹은 내 속의 마리아다. 좀 더 친근한 언어로 말하면 내 마음의 우렁각시다. 남성성은 머리를 믿고, 여성성은 심장을 믿는다. 사람에게 남성성이 병들면 성취감에 문제가 생기고, 여성성이 병들면 관계를 풀어가는 힘에 장애가 생긴다. 스님은 남성성이 넘쳐나 병이 된 이 시대, 여성성을 답으로 제시한 것이다.

당신은 몰래몰래 어지럽혀진 집도 청소해주고 불을 피워 솥에

물도 끓여주고 밥상도 차려주는 당신의 우렁각시 혹은 마리아나 관세음보살을 아는가? 그것을 알지 못하는 사람은 네가 있음에 내가 있다고 고백하지 못한다. 아니, 너 때문에 망했다고 한다. 네 탓만 하는 것이다.

나를 도와주는 내 속의 마리아나 관세음보살을 발견해보자. 스님이 또 답을 준다. 몸을 살피라고. 몸을 살피는 것이 마음을 아는 것이고, 마음을 아는 것은 곧 자신을 알고, 타인을 알고, 세상을 알고, 우주의 법칙을 아는 것이라고.

그리고 보니 몸을 살피는 일이 만사의 근본이다. 나는 지금 몸살이 나서 몸이 뜨겁다. 예전 같으면 해열제를 먹고 억지로 열을 내렸을 텐데 이제는 열이 어떻게 돌아다니는지 관찰하며 지낸다. 연실 콧물과 기침으로 몸속의 찌꺼기를 내보내며 정신이 없는 것 같지만, 눈으로 올라와 왼쪽 머리까지 돌아다니는 열기를 가만히 느끼며 열이 스스로 가라앉을 때까지 기다리게 된다. 기다릴 줄 아는 것, 마리아와 관세음보살이 내게 알려준 커다란 힘이다.

짧지 않은 구도의 삶을 살아오면서 스님이 찾은 여성성의 힘을, 이 책을 읽는 당신도 찾게 되리라 믿는다.

2013년 3월 이주향

여성성 찾기

인간과 우주를 아우른 모습은 '관계와 협력'이다

인간과 우주를 아우른 모습[實相]은 '관계와 협력'이다. 다만 인간은 의지적이고, 우주는 의지 이전의 물리(物理)이다. 그러나 원리와 작용은 한 가지로 '관계와 협력'이다. 필자는 약관 열아홉 살에 출가하여 40년 넘게 절에 살면서, 인간과 우주의 참모습을 나름으로 추구했지만, 둔기(鈍機)로 말미암아 그 오랜 세월의 노력에도 불구하고, 이제 겨우 '관계와 협력'이 인간과 우주의 참모습이라는 사실을 조금 짐작하게 된 정도다.

바야흐로 인간의 생멸과 우주 성괴(成壞)의 원리를 이해하고 실현방법을 찾았을 때, 평소 듣던 대로 인간에게 있었고, 여성에게 더 풍부하다는 사실을 알게 되었다. 바로 '관계와 협력'의 인간 존재인 여성들의 덕성이다. 우리가 이 사실을 직시하고 공유하면, 인류에게 한층 밝은 미래가 펼쳐질 것이라는 생각이 필자의 가슴에 자리잡기 시작했고, 시간이 흐를수록 현재의 삶보다 나은 미래의 밝은 희망이 되리라는 확신으로 굳어져 갔다.

그건 새로운 세기, 바야흐로 인류는 보다 창조적이고 평화스러운 공동번영의 길로 가야 한다는 시대 흐름의 열망이 되었다.

그러나 현실은 거리가 있었다. 여태껏 사람이 사람을 모르고 남편은 아내를 모르며, 아내는 남편, 자식은 어머니를 몰랐다. 더욱 안타까운 건 여성이 여성성을 모른다는 사실이다. 이 사실을 알리고 싶어서 다소 감당되지 않는 점도 있었지만 용기를 내게 되었다.

이 글을 쓰는 것은 세상의 남성들에게 여성성을 모른다고 나무라려는 것이 아니다. 남성을 여성화시키기 위해서, 또는 누구를 가르치기 위해서도 아니다. 다만 진리를 구하다보니 나름으로 바른 정신을 추구하게 되었고, 그걸 인간 현실에서 찾는 가운데 여성 −, 여성성을 보게 된 것이다. 나아가 여성성인 인간덕성을 통해, '관계와 협력'의 인간과 우주의 근원을 강화해 가고 싶은 것이다.

먼저, 이 책에 추천사를 써 주신 사계의 지도자이신 두 분께 감사의 뜻을 전하고, 김재영 박사님의 노고와 교육학자 민병직, 방송인 이윤수 박사께도 감사를 전한다. 원고와 씨름하느라 어느 새 시간이 훌쩍 지났다. 이제 손에서 놓고 생각해 보니, 혹시 한 갑자의 세월을 녹여낸 밥값이나 될지, 밥값은커녕 되레 빚이 될지, 기대보다 두려운 마음이 앞선다.

2557(2013)년 2월, 스승(광덕스님)의 원적 14주기를 맞으며

송암지원(松菴至元) 합장

차례

제1장 여성 | 여성성에 대한 담론

– 출가수행자가 본 여성성

제2장 여성성의 신비

– 여성성이 새 시대를 열어가는 열쇠다

제3장 여성들이 꽃피우는 12 가지

– 남성은 그리움으로 살고, 여성은 자부심으로 산다

새로운 생존원리

|

1. 사람의 본래 모습

'인간의 삶이 무엇이냐? 인간의 존재가 무엇이냐?'

이런 질문에는 누구도 자신감 있게 나서서 대답할 사람이 없을 것이다. 우리들 삶이나 존재가 헤아리기조차 어려운 무수한 '관계와 협력'을 바탕으로 하고 있기 때문이다.

'관계'와 '협력'은 분명 두 단어이되 한 곳을 지향하고 있다. 동일한 목표와 동일한 의도를 지니고 있어서다. 그래서 분명 둘이지만 둘이 아니다[不二]. 그렇다고 '하나'라고 못 박아서도 안 된다. 두 가지 제각각이 갖는 가능성이 축소되거나 제한받기 때문이다. 다만 이 둘은 자신 속에서 서로를 보고 서로를 필요로 할 뿐이다. '관계'에서 '협력'을, '협력'에서 '관계'를.

관계는 개인과 개인, 개인과 국가, 개인과 자연, 국가와 국가, 국가와 자연 등이다. 이런 무수한 관계 속에서 무수한 협력을 보게 되는 것이다.

존재의 진정한 뜻은 개인이되 동시에 개인을 떠난 '관계와 협력'의 공공성 회복이다. 곧 '관계와 협력' 속에서 개인이 있고 공동체가 있다는 거다. 사실대로의 관계[如如]와 순수한 협력을 뜻한다.

'관계와 협력'의 상호관계와 상호협력이 갖는 본질은 '무상(無常) · 무아(無我)'이다. 자유와 창조가 지닌 흐르는 시간과 텅 빈 공간을 뜻한다. 따라서 '무상 · 무아'는 철저하게 공공성의 법칙을 지니고 있다.

이런 태도만이 '관계와 협력'의 인간존재를 규명할 뿐만 아니라 보다 나은 인류의 미래를 가능하게 할 것이다. 사람의 본래 모습인 자유와 평화, 번영과 행복을 창조적이되 조화로움으로 성취할 수 있어서다.

2. '관계와 협력'으로 돌아간다

먼저, '다윈은 놓쳤다, 진화의 대원칙은 경쟁보다 협력'이라는 제하의 신문기사를 부분 소개한다. 『초협력자』를 낸 하버드대 마틴 노왁(Martin A. Nowak)과 기자와의 (e-메일) 인터뷰 내용이다.

노왁 교수의 주장을 잘라 말하면 이렇다.

"경쟁이 생물계가 들려주는 이야기의 전부는 아니다."

예로 복잡하게 얽힌 온갖 피조물은 살기 위해 협력하는데, 심지어 박테리아도 그렇단다. 끈처럼 연결된 박테리아의 어떤 세포는 이웃에게 질소와 영양소를 공급하기 위해 스스로 죽기도 한다. 또 다른 박테리아는 영양을 사냥하는 사자 무리처럼 집단으로 먹잇감을 찾아 나선다.

고등동물들의 협력 사례는 훨씬 더 구체적이다. 특히 인간 사회는 그 자체가 협력으로 가득 차 있다고 한다. 다윈이 적시한 대로 생존투쟁이 생물계의 음지였다면, 협력은 양지라는 것이다. '상호투쟁의 법칙'과 별도로 자연에는 '상호부조의 법칙'이 있다는 얘기다.

노왁이 말하는 협력은 공동의 목적을 위해 함께 일하는 것을 넘어선다. 잠재적인 경쟁자들도 서로를 돕기로 결정하는 것을 가리킨다. 쉽게 말해 적도 은인이 될 수 있다는 입장이다. 불교의 연기론(緣起論)마저 연상되는 대목이다. 노왁을 e-메일로 만났다.

• 일반적으로 '협력'하면 개미나 말벌 같은 곤충을 꼽아왔다. 그런데 당신은 인간이 이들보다 더 협력적이라고 말한다.

"지구상의 모든 종을 통틀어 이렇게 다양한 협력의 메커니즘을 놀랍게 사용하는 것은 인간뿐이기 때문이다. 물고기·박테리아 등에서도 협력 메커니즘을 볼 수 있지만 책에서 제시한 다섯 가지 법칙을 모두 활용하지는 않는다. 인간만이 언어를 가지고 있고, 이 언어로 소문·잡담 등 주변 평판에 근거해 서로 도우며 살아왔다. 인간이야말로 협력의 힘을 가장 잘 활용하는 종(種)이다. 그래서 '초협력자'라고 명명했다."

노왁은 언어가 인간의 진화과정에 가장 큰 영향을 미쳤다고 강조했다.

"수다 떠는 재주 덕분에 인간들은 40억년에 이르는 지구 생명

의 역사에서 독특한 위치를 점하게 됐다”는 설명이다. 그는,

“우리가 언어를 창출했다고 믿고 싶겠지만, 이는 앞뒤가 바뀐 주장이다. 언어가 우리를 창출했다”고 했다.

• 다섯 가지 법칙 중에서 ‘상호성의 간접적인 형태’(give-and-take)가 가장 중요하다고 꼽았다. 왜 이게 중요한가.

“평판의 힘이 있기 때문에 우리는 즉각적인 보상을 기대하지 않고서도 다른 사람들을 돕는다. 궁극적으로 다른 사람들을 돕는 이들을 돕는 거다. 간접 상호성은 협력의 진화를 위한 하나의 방식일 뿐만 아니라 뇌의 진화 작용을 촉발한다는 점에서도 매우 중요하다. 평판에 의존하는 인간의 본성이 우리의 뇌, 기억을 담아두는 능력, 언어와 도덕의 발달에서 핵심적인 역할을 했다.”

그는 서로 간접적으로 돕는 형태가 언어와 밀접한 연관이 있다는 점을 강조했다. 우리의 일상에서 소문·잡담 등으로 평판을 듣고 누가 좋은지 누가 나쁜지를 짐작해 누구와 거래할지를 판단한다는데, 이게 모두 협력의 한 형태라는 것이다.

• 협력에는 보상이 처벌보다 낫다고 했다.

“처벌은 대개 다른 사람을 억압하거나 자신의 이기적 동기를 촉진하는 데 사용됐다. 처벌은 그 어떤 문제에 대해서도 해결책이 될 수 없으며 오히려 문제를 유발시킨다. 처벌과 협박이 협력을 강제할 수 있다는 협소한 발상을 넘어서야 한다. 성공적인 조직은 언제나 처벌을 억제하려 애쓴다.”

• 기후온난화, 환경오염 등 (당신이 책에서 말한) '공유지의 비극'
으로 대표되는 위기 상황이 벌어지고 있다.

"인간 사회의 성공과 생존은 오늘날 그 무엇보다도 인류가 전
지구적 차원에서 협력하는 것을 배우는 것에 달려 있다. 협력은
인류의 미래를 좌지우지하는 매우 중요한 문제다. 협력해야만 인
류는 성공적으로 살아남을 수 있다. 이 얘기를 꼭 하고 싶었다."

• 일상에서 개개인의 협력을 끌어낼 수 있는 지침 같은 게 있
을까.

"학교에서부터 협력과 배신의 문제에 대해 가르쳐야 한다. 현대
사회의 인간관계는 지나치게 경쟁적이다. 내가 잘 됐다는 게 꼭 내
능력 때문일까. 아침 밥상 하나에도 수많은 사람들의 땀이 들어 있
다. 관대하고 희망을 가지며 용서하는 게 곧 이기는 전략이다."

노왁은 마지막으로,

"협력은 움직이는 물질을 더 높은 수준의 조직으로 끌어올릴 수
있다. 우리는 지금 진화의 다음 단계로 나아갈지, 혹은 멸종의 길
로 갈지 냉혹한 선택을 앞두고 있다"고 말했다.

– 마틴 노왁이 말하는 협력의 5가지 법칙

1. '너와 나'의 기브 앤 테이크 '네 등을 긁어줄 테니, 다음번에는 내
   등을 긁어다오'라는 식의 기대 같은 것. 양측이 반복해서 접촉해야
   한다.

2. '우리'의 기브 앤 테이크 '내가 당신의 등을 긁어주면, 꼭 당신이 아니더라도 다른 누군가는 나의 등을 긁어주겠지' 하는 기대. 보다 확장되고 복잡해진 사회에서 필요한 요소다. 소문·잡담 등을 통해 형성된 평판에 근거한다.

3. 사회적 네트워크의 힘. 일정한 영역 안에서 함께 지내면 협력도 진화한다. 종종 배신자가 나오지만 무리 지은 협력자들은 살아남는다.

4. 협력 집단의 힘. 협력이 항상 소속집단의 개체를 이롭게 하는 것은 아니다. 그러나 협력 집단이 이기적 개체의 집단보다 더 꿋꿋이 버티고 더 빠르게 진화한다.

5. 혈연주의의 힘. 혈연관계가 보다 강할수록 사람들은 더 협력한다.

– 2012. 12. 1. 『중앙일보』 A30

위의 글을 통해서 이 시대의 흐름이나 현대과학이 점점 동양의 전통적 가르침인 '관계와 협력'으로 접근해 가는 느낌을 받는다. 우리가 갖는 사회적인 관심이 다양하고 왕성할수록 구석구석 사람들의 생각이 소리 없이 각 분야로 스며들고 있어서다.

거기서 '관계와 협력'을 더욱 깊이 공감하게 되고, 필요성을 깨닫게 된다. 따라서 결국 인류는 '관계와 협력'을 다시 확립하게 되지 않을까, 기대와 소망을 가지게 된다.

제1장

여성 | 여성성에 대한 담론

출가수행자가 본 여성성

출가수행자가 본 여성성

출가수행자가 여성성에 대하여 말하는 것은 인간이해의 폭을 넓히려는 것이고, 인간내면에 대한 탐구를 뜻하는 것이기도 하다. 대개 우리들은 하루하루를 그저 그렇고 그렇게 무연히 살고 있다. 흔히들 따분한 일상생활이라고 말한다. 해서, 일상에서 만나는 사람들을 먼 산 보듯 무관하게 지나친다. 이해에 결부된 일이 없으면 열 번을 만나도 인사 한 번, 눈길 한 번을 제대로 나누지 않는다.

물질문명이 눈부실수록 사회가 분화할수록 먼 산을 바라보는 일은 점점 잦아진다. 이것은 곧 '나'의 상실이고 '우리들'의 상실이다. 나아가 '나'와 '우리들'의 주인공인 '마음'의 상실이다.

집이 사람들의 보금자리라면, 몸은 마음의 보금자리다. 수백만 호가 다북쑥처럼 촘촘히 엉겨서 살아가는 서울에 뉘 집인들 문을 두드리면 주인이 없겠는가. 이처럼 몸몸 마다에도 어김없이 주인인 마음이 있다. 마음이 없으면 활동을 못하는 상태, 죽은 거니까.

인간은 태어나면서부터, 아니 어머니 뱃속에 잉태되는 순간부터 자신의 몸과 마음에 대해 느끼고 반응하지만, 그 자체를 크게 중요하게 여기지 않는다. 특히 마음에 대해선 아예 '나 모른다' 식의 모르쇠다. 바로, 이런 허점 때문에 결국 인생이 부실해지거나 소홀해지고 만다. 선인(先人)들이 그랬듯이 몸을 살피는 것은 마음을 아는 것이고, 마음을 아는 것은 곧 자신을 아는 일이 되고 타인을 알고, 세상을 알며, 우주의 법칙을 알게 된다. 무엇보다 사람이 자신[몸ㆍ마음]에게서 지혜를 발견하는 일이 된다.

- 고전

마음을 찾는 것은 곧 참된 '나'인 주인공을 찾는 것이고, 진정한 '우리'를 찾는 것이다. '여성'을 아는 것은 곧 '남성'을 아는 것이고, 여성의 덕성을 아는 것은 곧 나의 덕성을 아는 것이다. 여성 알기에 골몰했던 것도 필경 나 자신을 알아가려는 오랜 염원과 '참나'에 대한 갈망 때문이다.

'보·남·파·초·노·주·빨'의 무지개를

인간이 인간을 모른다. 늘 대하는 가까운 가족도 모른다.

왜? 자신이 자신을 모르기 때문이다. 등잔 밑이 어둡다[燈下不明]고 변명하기에도 석연치 않다. 더욱 가관은 인간을 모르면서 인간에 대해 열을 올려 말하고, 자신을 모르면서 자기 것을 눈에 불을 켜고 찾는다. 잘못 가고 있다는 말이다.

그러나 여기에 답이 있다. 왜, 우리가 그동안 무지개 색을 외운 대로, '빨·주·노·초·파·남·보'라고 말하지 않고, '보·남·파·초·노·주·빨'이라고 말하는가의 역발상이다. 그것을 염두에 두고, 현실에서 부닥쳐 살아가노라면 답을 만나게 된다.

비교적 이른 나이에 입산 출가한 필자는 여성성(女性性)에 대해 모른 채 살아왔다. 물론 절에는 우리가 '보살님'이라고 부르는 여성 불자들이 신앙활동을 하고 있고, 절 일을 맡아하는 여성직원들도 있다. 또 밖에 나가면 수많은 여성을 만날 수도 있다. 그런데도 여성을 모르고 살았다는 말은 여성의 덕성인 여성성을 모르고 살았다는 참담한 고백이다. 이것은 곧 나 자신을 모르고 살았다는 뜻이기도 하다.

조선시대 인조 때 영의정을 지낸 홍서봉은 편모슬하에서 어린 시절을 개구쟁이로 보냈다. 어머니는 그때마다 회초리를 들어 자식이 어긋나지 않도록 엄히 닦달을 했다.

자식의 게으름과 나쁜 버릇을 고치기 위해 아들에게 매를 댄 날이면, 어머니는 혼자 골방에 가서 울곤 했다. 그렇게 공부를 한 서봉은 스물한 살, 과거에 급제했다. 삼일유가를 마친 홍서봉은 고향으로 돌아오자마자 어머니를 찾아 큰절을 올렸다.

그러자 어머니는 보자기 하나를 꺼내 놓으며 말했다.

"이 보자기에도 큰절을 올려라."

홍서봉이 절을 마친 뒤 보자기를 풀어보니, 그 안에는 자신이 어린 시절 어머니로부터 매 맞던 나무회초리가 들어 있었다.

- 고전

위의 일화와 같은 어머니의 덕성인 여성성을 모르고 무연히 살아왔던 점을 곰곰 생각해 보면, 손해가 이만저만이 아니다. 얼마든지 슬기롭게 대처했을 일도, 무리하지 않고 넘어갔을 일도, 남과 척지지 않을 일도, 짐짓 어깃장을 놓아가며 뻑뻑 우겨댔던 것이고 무리를 감행했던 때문이다.

그리고 무엇보다 여성에 대한 무지는 자식으로서 어머니께 송구스럽고, 남성으로서 여성들에게 미안하고, 세상에 대해선 태부족으로 부끄럽다.

결국 필자의 삶은 인간의 덕성을 찾으면서도 한 쪽으로는 외면한 채 살아왔던 아이러니다. 얽히고설킨 이 세상의 촘촘하고 다함 없는 인연의 그물, 거기에 옷감처럼 종횡으로 짜인 주고받는 현실의 숱한 인간관계인 중중무진(重重無盡)한 인드라망 속에 살면서도 두루 원만하지 못하고 치우쳐 살아온 셈이다. 이런 필자 같은 삶이 또 있다면 이 책이 여성성에 대한 이해의 계기가 되었으면 한다.

과거에 '빨·주·노·초·파·남·보'로 외웠던 무지개 색깔의 순서가 오늘날은 '보·남·파·초·노·주·빨'로 슬그머니 바뀌어가고 있다. 아니 어느새 바뀌었는지도 모른다. 그러나 인간이 어떤 순서로 외웠든 다행스럽게도 무지개는 언제나 그대로다.

무지개로 어우러져 빛나는 아름다운 이 모든 인연들, 정말 이 인연들이 고맙다. 이 헤아릴 수 없이 많은 인연들로 인하여 결국 내가 존재하는 것 아닌가. 나를 통해 그 인연들을 다시 보고, 그 인연들의 귀착지는 결국 '나'다. '관계와 협력'을 통해서 그런 나를 보고 내가 사는 세상을 다시 보게 된다.

죗값이 두렵다

솔직히 말하자면 필자에겐 그동안 여성을 정상적으로 이해하고 학습할 기회가 없었다. 변명이 아니다. 어릴 때는 어려서 몰랐고, 일찍이 절에 와서는 독신의 울타리 안에서 살아야 했기에 몰랐다. 어쩌면 모를수록 대접받는 오랜 전통의 집단 속에 사느라 알 기회가 철저하게 차단되었는지도 모른다.

설령 눈치코치를 통해 조금 알았다 해도 제대로 안 게 아니었다. 생각해 보면 이래저래 여성들에게 되레 허물을 남겼다. 여성들을 보고 뱀 같다느니, 악마 같다느니, 도(道)의 장애물이니 하면서, 독신의 나를 방어하려는 이기적인 의도를 앞세워 마음껏 편견에 머물렀고, 때마다 그 방어막을 튼튼하게 했던 것이다.

허물은 비단 필자 같은 개인뿐만 아니다. 거대집단인 종교가 여성들에게 노골적으로 저지른 죄를 따져 보면, 마음이 편치 않다.
매우 오랜 세월에 걸쳐 여성을 낮춰보고 제도적으로 차별해 왔다.
'다음 생에는 남자로 태어나서 성불해야지'라고 말하게 할 정도로
여성들의 덕성을 왜곡시켜 왔다. 또 오늘날까지도 여성들을 사회
적 약자로 일컫게 했던 남성들의 어질지 못함도 길었다.

옛날에 한 나무꾼이, 어느 날 나무를 하러 갔다가 입에 가시가 박힌
호랑이를 만났다. 나무꾼이 호랑이 입에서 가시를 뽑아 주자 호랑이
가 보은으로 나무꾼에게 자기의 눈썹 한 올을 뽑아주면서,
"이 눈썹을 붙이고 다니면 사람들의 마음속을 들여다 볼 수 있어요."
나무꾼은 호랑이 눈썹을 달고 산을 내려왔다. 그런데 어찌된 일인가?
마누라가 홀연히 여우로 보이는 것이다. 깜짝 놀란 나무꾼은 촌장 집
으로 달려가서 하소연을 하려는데, 이번에는 촌장이 늑대로 보이는
것이다. 그들뿐만 아니라 마을 사람들 모두가 짐승으로 보였다. "지
금껏 내가 사람 동네에 사는 줄 알았더니 짐승 동네에 살았구나!"
나무꾼은 길게 탄식했다.

- 민담

나는 무슨 눈을 가지고 지금껏 살아온 것일까? 무슨 눈으로 이
세상의 여성들을 보아온 것일까? 혹시 '호랑이 눈'으로 보아온 것
은 아닐까? 그 죗값이 두렵다.

여성성과 만남

그러나 세월 덕분인지 어떤 기연(奇緣) 때문인지 여성성에 대해, 아니 인간성에 대해 조금씩 알게 되고 터득하게 되었다. 그러나 그건 필자의 자각이나 의지에 의해서가 아니다. 살다보니 그런 인연이 부지불식간에 다가왔고, 피할 수 없이 맞대면하게 되었다.

필자의 스승이신 광덕스님의 생애를 쫓는 가운데, 스승께서 보여 준 놀라운 인격에 빠져서, 급기야 스승의 출가 전 자취를 찾게 되었고, 거기서 스승의 어머니에게서 결정적인 여성성을 만나게 된 것이다. 그 일은 절에서의 어떤 깨달음이나 배움보다, 여성성의 이해에 대한 절실한 계기가 되었다.

또, 필자의 어머니 덕분이기도 하다. 어머니는 노쇠해지면서 치

매를 앓기 시작했고, 딸 다섯에 아들 하나를 두었지만 어머니는 종내 오고 갈 곳이 없는 신세였다. 불편함을 무릅쓰고 절에서 함께 살다 보니, 그동안 잊고 살았던 나의 어머니, 여성인 어머니의 덕성이 비로소 눈에 보이기 시작했다.

한 갑자의 세월을 보낸 나이가 되도록, 사람으로서 기본적인 것조차 갖추지 못했던 필자에게 전혀 새로운 세계가 그렇게 다가온 것이다. 만시지탄(晚時之歎)을 금할 수 없었다. 나는 스승의 어머니, 나의 어머니를 통하여 생명육성자로서의 여성(女性) -, 여성성(女性性)을 비로소 생생하게 볼 수 있었다. 여성성은 언제나 그대로였지만 필자의 마음에서 비로소 보게 되고, 눈뜨게 된 계기가 그렇게 왔던 것이다.

역사 속의 무수한 어머니들 중에서 한 어머니를 통해 여성성의 한 모습을 본다.

조선시대 홍서봉의 어머니는 남편을 일찍 여의어서 아버지 역할까지 하여 아들을 키워냈다. 홍서봉의 어머니가 아들에게 글을 가르칠 땐, 마치 외간 남자를 대하듯이 아들과의 사이에 병풍을 쳤다. 이웃이 그 까닭을 물었다.

"어미는 아이를 대할 때 아비처럼 엄격할 수가 없습니다. 어미가 여자이기 때문이지요. 아이가 글을 잘 읽으면 자신도 모르게 얼굴에 기쁜 빛을 떠올리게 되어, 자칫 아이에게 자만심만 길러 줄까 염려가 되어서 병풍을 가리는 것"이라고 대답했다.

- 고전

한 가지 더 절실하게 다가온 계기는 스승의 환생이다. 필자는 스승께서 입적하신 뒤 스승이 생전에 다짐 두셨던 환생을 철석같이 믿고 기다렸다. 또 스승께서 속히 이 사바세계로 돌아오실 것을 발원하여, 티베트 서부 창탕고원에 있는 카일라스, 예부터 수미산이라고 일컫는 영산(靈山)으로 달려가 환생기도를 수차례나 올렸다. 그것도 성이 차지 않아서 천일환생기도를 올리기도 했다. 거기에다 도반인 지산(志山)스님의 갑작스런 입적으로 또다시 환생기도를 하게 되었다.

'환생'이라는 말이 나왔으니까 여기서 환생실례 한 가지를 본다. '환생'이나 '윤회'가 생경하게 들리겠지만 관심만 가진다면 우리 주변에 숱한 일들이다. 다만 이해가 부족하고 관심을 갖지 않아서 모르고 지낼 뿐이다. 가령 돌아가신 어머니가 인간으로 다시 태어나 바로 곁에 와 있어도 모른다. 고작 '어디서 많이 본 것 같다'거나 '뭔가 괜스레 마음이 끌린다' 정도로 그냥 지나치고 만다. 허무하고 안타까운 일이다.

이 예화의 부부도 이름만 대면 누구나 안다. 스승과 절친한 관계로서 사회의 저명인사였다. 스승으로부터 들은 내용이다.

33

1950년 한국전쟁 때, 부산으로 피난 갔던 부부가 있었다. 남편은 법철학을 전공한 대학교수였고, 나중 5·16 때 필화로 구속되기도 했지만, 그 후 법무부장관 등 정부요직을 지내기도 했다. 그 부부에게 어린 아들이 있었는데, 피난 때에 까닭 없이 죽었다.

아내는 하도 허무하여 도저히 어린 아들의 죽음을 인정할 수 없을 뿐 아니라, 날이 갈수록 눈에 아른거려서 참을 수가 없었다. 그 아내는 목숨 건 각오로 부처님과 담판하듯이 기도를 했다. 한 번만이라도 자신의 아들을 자신에게 다시 태어나게 해 달라고 간구했던 것이다.

기도의 영험 때문인지 과연 입태가 되었고, 드디어 출생해서 자라는 데 얼굴이나 행동이 지난 번 아들과 흡사했다. 일란성 쌍둥이 같았다. 그런데 전번 아이의 나이 무렵이 되어서, 그만 또 죽고 말았다. 그 아내는 그때서야 깨달았다.

'그 아이와 나와의 인연은 그것밖에 되지 않는데도, 하도 울며불며 기도하고 보채니까 불보살이 자비심으로 내 청을 들어준 것'이로구나 하고는, 마음을 정리했다.

- 구전

불전(佛典)도 전한다. 도솔천, 하늘나라에 호명보살로 계시던 부처님께서 중생제도를 위해 사바세계에 하생(下生)하실 때, 주변의 천인(天人)들에게 자신이 태어날 국토를 찾게 한 뒤, 이어서 자신의 어머니 될 분의 덕성을 일러주며 찾으라고 했다. 성인(聖人) 중에 성인이어도 남의 자식이 될 때는 어머니가 그처럼 중요하다.

여성성으로 대표되는 어머니는 천주교의 성모마리아 신앙을 봐도 짐작이 될 것이다.

환생은 당사자의 뜻만으로 되는 일이 아니다. 조건이 갖춰줘야 하는데, 가장 중요한 조건은 어머니와의 만남이다. 환생자와 어머니와의 의식수준이 맞아야 하기 때문이다. 한마디로 인연이다. 이 '인연(因緣)'이라는 말속에는 두 가지 뜻이 들어 있다.

창조성을 띄는 직접적인 조건과 환경을 의미하는 간접적인 조건이다. 이런 두 가지 조건의 인연을 갖춘 어머니를 만나지 못하면, 목적한 환생은 어렵게 된다. 자발적인 환생이 이루어지지 못하면, 자신의 의사와 관계없는 업력을 따르는 윤회에 떨어질 수도 있다. 자발적인 원력(願力)에 의해 태어나는 환생과 행위의 결과인 업력(業力)에 따라 태어나는 윤회는 판이하다.

필자는 스승과 도반의 환생을 간절히 기도하고, 어디서나 그 생각을 놓지 않았다. 지하철이나 버스를 타고서도 젊은 여성들이 타면 부지불식간에 형상을 바라보았다. 눈은 형상을 보지만 마음으로는 그네의 덕성을 찾고 있었던 것이다. 고승이나 성자의 의지처는 여성성인 어머니의 덕성이기 때문이다. 여성성과의 만남이 구체화 되어갔다.

여성성에 대한 존중

이 글을 쓰는 것은 세상의 남성들에게 여성성을 모른다고 나무라려는 것이 아니다. 남성을 여성화시키기 위해서, 또는 필자가 누구를 가르치기 위해서도 아니다. 다만 필자는 진리를 구하다보니 나름으로 바른 정신을 추구하게 되었고, 그걸 인간 현실에서 찾는 가운데 여성 – , 여성성을 보게 된 것이다. 나아가 여성성인 인간덕성을 통해, '관계와 협력'의 인간과 우주의 존재원리인 삶의 철학을 강화하고 싶은 것이다.

필자가 본 바로는 도(道)와 여성성은 닮아 있다. 물론 남성성도 마찬가지지만 여성성이 더 흡사하고 가지 수가 풍부하다는 거다. 따라서 여성의 덕성인 여성성을 이해하고 공유하면, 가정은 물론 사회나 국가, 내지 인류가 훨씬 더 행복해질 것이라는 믿음이 생겼다.

어떤 율법사가 예수에게 물었다.

"이웃을 네 몸 같이 사랑하라고 하셨는데 누가 내 이웃입니까?"

예수가 말했다.

"어떤 사람이 산길을 가다가 강도를 만났는데 옷과 돈을 빼앗기고 상처까지 입어 거의 죽게 되었다. 그 때 한 제사장이 지나가고 또 한 레위 사람이 지나갔으나 둘 다 못 본 척했다. 그런데 마침 한 사마리아 사람이 지나다가 그를 불쌍히 여겨 주막으로 데리고 가서 치료를 해주었다. 이 세 사람 중에 누가 강도당한 자의 이웃이냐?"

율법사는 자비를 베푼 사마리아 사람이라고 대답했다. 이에 예수가 자애롭게,

"너도 가서 그와 같이 하라!"라고 말했다.

- 고전

누가 진정한 이웃일까? 사마리아 사람, 곧 인간의 덕성인 '관계와 협력'일 것이다. 이 덕성은 여성성뿐 아니라 남성성에도 많다. 그걸 부정하고픈 생각은 추호도 없다.

다만 그동안 사회적인 약자이던 여성들이 가진 인간덕성을 적극적으로 드러내서 양성(兩性)이 인간성으로 동등해져야 한다는 보편적인 인간애와 시대적 개명(開明)의 사명감 때문이다.

자신을 사랑하는 것으로부터

남녀 간에 상대를 전성적(全性的)으로 전인격으로 받아들이는 힘을 '사랑'이라고 말한다면, 그 사랑의 계기가 밖에서 비롯되었다고 해도, 자기 안에서 다시 확인해야 한다. 밖의 사랑을 자신의 내부로 돌이킬 수 있어야 한다는 거다. 자기 안에서 밖의 사랑이 확인되고, 자신의 내면과 계합(契合)한 연후에 다시 밖으로 나와야 한다는 거다. 자신 밖에 있는 것은 변하기 쉽지만, 내부의 것은 거의 변하지 않거나 오래 가기 때문이다.

그만큼 외부는 유동적이고 내부는 안정적이다. 안정에서 얻어진 것은 믿을 수 있다. 따라서 생명이 가진 진정한 힘은 안정감에서 비롯된다. 거기서 참된 행이 나오기 때문이다. '동물의 세계'라는 TV 프로그램을 통해, 맹수들의 몸놀림을 보면, 한없는 고요의 집중에서 빠른 동작이 순간적으로 뿜어져 나옴을 본다. 이런 안정감을 인간에게서 보면 성공한 사람에게서 또는 남성성보다 여성성에서 더 많이 보게 되고 느끼게 된다.

　타인을 사랑한다고 말하기에 앞서 자신의 내부에서 그 사랑을 먼저 살펴 확인해야 함은, 자신의 내부에 진실사랑의 안정된 근원이 있기 때문이다. 만약 밖의 사랑을 안으로 들일 수 없다면, 진정한 사랑과는 거리가 멀게 될지도 모른다. 사랑의 터전은 자신의 안정된 내면이기 때문이다.

　인간의 안정된 내면인 본래 마음은 남녀 간의 사랑의 터전이자 지혜다. 밖의 사랑, 여러 가지 조건으로 구성된 사랑만으로는 진실하지 않아 믿지 못할 수도 있다. 조건을 떠난 순수한 사랑으로 내면의 토대를 형성하지 못한다면.

　　매우 어리석은 부자가 있었다. 어느 날, 그는 이웃 동네에 갔다가 웅장하고 화려한 삼층 누각을 구경했다. 부자는 자기도 그 같은 삼층 누각을 갖고 싶어서, 집으로 돌아오자마자 목수를 불렀다.
　　"우리도 거대하고 웅장한 누각을 지읍시다."
　　목수는 곧 땅을 고르고 벽돌을 쌓아 누각을 짓기 시작했다. 그런데 벽돌 쌓는 것을 지켜보던 부자가 목수에게 말했다.
　　"나는 아래 두 층은 필요 없으니 삼층만 지어 주시오." 목수는,
　　"나는 아래층이 없는 삼층 누각을 지을 재주가 없습니다"라고 말하곤,

그 집을 떠나버렸다.

- 고전

　자기 내부의 사랑 없이 밖의 대상을 사랑하는 것은 마치 어리석은 사람이 일층과 이층을 짓지 않고 바로 화려한 삼층을 지으려는 것과도 같고 신기루를 쫓는 일과도 같다. 그렇지만 자기 내부의 사랑을 공고히 하면, 밖의 사랑도 공고하게 이뤄진다.

　이 점에서 남녀 공히 사랑하는 사람이 생겼을 땐, 그 사랑을 자신 안으로 끌어들여 다짐의 토대를 갖춘 뒤에, 밖의 상대를 대해야 진실사랑으로 커가고 상대에 대한 진정한 사람대접이 된다.
　그러자면 자신에게 더 충실해야 하고, 자신의 내면에 더 크게 눈떠야 함이 선결요건이다. 상대를 진심으로 사랑하는가를, 자신에게 엄중히 묻고 물어서 대답을 얻어야 해서다.

40

여성은 남성을, 남성은 여성을 배우자

사실 필자는 여성성에 대해서 글 한 줄 제대로 읽은 적이 없고, 여성학 강의 한 번 들어본 적이 없다. 다만 스승의 가르침과 일상의 삶에서 주변을 통해 보고 들은 일들이 빌미가 되고 계기가 되어, 느끼고 생각한 것들을 기록했다가 다시 정리하는 것에 지나지 않는다. 따라서 오로지 필자 자신의 사고(思考)와 인생의 경험으로 도달한 여성성에 대한 이야기이고, 토로임을 밝힌다.

어떤 사람이 천당과 지옥을 구경하러 갔다. 천당이나 지옥이나 다 같이 먹을 게 풍족했다. 그런데 거기에 사는 사람들은 한결같이 자신의 팔 길이보다 더 긴 숟가락으로 식사를 해야만 했다.

지옥에 사는 사람들은 굶주림을 면하려고 열심히 숟가락질을 했으

나, 팔 길이보다 더 긴 숟가락 때문에 도저히 입으로 밥을 가져갈 수
가 없었다. 지옥 사람들은 하나 같이 굶주림에 허덕거렸다.

그러나 천당에 사는 사람들은 똑같은 숟가락인데도 불편 없이 식사
를 했으며, 혈색이 좋았다. 한 사람도 굶주리는 이가 없었다. 자세히
살펴보니 천당사람들은 긴 숟가락을 이용해서 서로 다른 사람의 입
에 밥을 떠 넣어 주었다.

- 고전

천당과 지옥을 알면 지옥을 면하고 천당을 갈 수도 있다. 이처
럼 양성(兩性)을 알면 아픈 이별이나 갈등의 고통도 면할 수 있을
것이다. 남성은 여성을 배우고, 여성은 남성을 배우면 결국 사람을
배우고 삶을 배우는 일이 되어서다. 서로가 성공인생으로 가는 길
이다.

남녀가 가진 장점이 서로에게 거울이 되고, 그걸 일상생활에서
적극 활용한다면 가정의 행복은 말할 필요도 없고 사회의 안정이
나 국가의 번영, 나아가 그야말로 '인류행복 · 세계평화'가 성큼
다가올 것이다. 큰 건 작은 것에서 시작되기에.

호수를 돌고 산을 오르면서

음력 동짓달 스무하루인데도 내가 사는 이곳 안성 죽산 용설호의 차가운 새벽달은 어슴프레 앞길을 비춘다. 필자는 습관적으로 하루 중 새벽에는 용설호수를 산책하고, 낮엔 청량도솔산 도량돌이 산행에 나선다.

아침식사를 마친 뒤 바로 산책을 나서면, 거의 일정하게 새벽 6시다. 동짓달 새벽공기는 어찌나 매운지 코끝이 알알하여 몸을 자라목처럼 움츠리게 한다. 초겨울 이른 시간, 채 앞길이 보이지 않을 정도지만 그래도 게으름을 부리면 안 된다는 속다짐으로 자신에게 채찍을 들곤 한다.

요즘, 걷기 열풍이 세간에서도 불고 있지만 일찍부터 절에선 걷는 걸 중요하게 여겼다. 그건 행선(行禪)이고 포행(布行)의 수행이기 때문이다. 특히 걷기수행을 중요하게 실천한 선지식은 해인사 백련암 성철 스님이시다. 스님은 밤늦도록 잠을 자지 않고 가야산을 오르내리느라 새벽이면 눈썹에 하얀 성에가 끼어 암자로 돌아오기가 예사였다. 따라서 나도 내 몸에 편함과 나태를 선물하지 않고, 변함없는 규칙을 선물하고 싶어서 새벽 걷기에 나선다. 비록 선지식에겐 못 미쳐도.

난 혼자 걷는 속에서 염불도 하고, 스승들의 가르침을 거울삼아 내 몸을 살피고 생각을 살피고 말을 살핀다. 절을 살피고 불교를 살피고 종교를 살피고 사회와 나라를 살피고, 통일과 평화를 살피고 남북을 살피고, 굶주림과 전쟁을 살피고, 인생을 살핀다.

이렇게 쉼 없이 자신을 살필 수 있다는 점 때문에, 한겨울엔 몸을 꽁꽁 싸메고서라도 절문을 나선다. 무엇보다 자정이 조금 지난 시간에 일어나 새벽예불 전까지 한 일을 다시 한 번 살피는 기회가 된다. 더 중요한 건 성인의 가르침을 거울로 삼아 언제나 나를 살피는 일이다. 이렇게 내가 나를 살피고 내 판단으로 내 정신으로 살아야 내 인생을 사는 것이라고 믿고 다짐하는 때가 새벽의 걷기수행 시간이다.

그러므로 매일 시간 맞춰 산책시간을 가져야 하고, 어쩌다 갖지 못하면 하루가 허전하고 뭔가 빠진 것 같은 아쉬움을 느낀다. 더러는 억울해 하거나 은근히 부아가 날 때도 있다. 그러나 스스로에게 부아나 심술 내는 건 어리석은 일이라는 걸 알기에 늘 사전에 다짐과 경책을 단단히 한다.

아무튼 필자는 출가수행자이니까, 성인의 가르침을 따라야 하고, 몸에 익혀야 한다. 자칫 방심하면 바로 나태심에 빠져 성인의 가르침은 뜻과 달리 멀어지게 된다. 그리고 무엇보다 정직한 태도가 아니면, 성인의 가르침을 알거나 차지하여 누리지 못한다. 정직을 바탕하지 않고선 가르침을 이해할 수 없고, 감당할 수 없기 때문이다.

진리는 가감 없는 사실, 언제나 정직 그대로가 바탕이 되어서다. 그러므로 수행자의 정직은 성인의 가르침인 진리학습의 기초이고 토대이다.

이런 관점에서 '나는 누구인가? 여성과 남성의 같은 점과 다른 점은 뭘까?'에 관해 의문을 가져야 하고, 나름의 답을 찾고 말해야 한다. 현상을 정직하게 관찰하는 것으로부터 위없는 도[無上道]는 시작되고, 일상에서 진실한 삶의 길을 걸을 수 있게 되어서다. 결국 이건 여성성을 대하는 태도가 '정직'이어야 한다는 말을 하는 것이다.

양성에 대해 양성이 서로 거론하고 담론할 수 있는 것은, 남녀 모두의 인생을 위해서 필요한 일이고 의미 있는 일이라고 여긴다. 일련의 내 행위에 대한 정당성을 위한 말이 아니다. 그건 남성이 여성을, 여성이 남성을 이해하고 배려하는 것, 나아가 양성의 덕성

을 적극 활용하는 것은 인류가 공유해야 할 인간애이기 때문이고,
거기에 속한 구성원으로서 갖추어야 할 필수교양이며 책무라고
봐서다.

여성성을 이해해야 같이 살아야 할 남성으로서의 남편 자격이
있고, 남성성을 이해해야 같이 살아야 할 여성으로서의 아내 자격
이 있다고 보는 것이다. 인간이 한갓 육체가 아닌 때문이다. 정신
작용이 우선이어서다. 따라서 덕성의 사람으로서 그 주인공인 정
신을 바로 알자는 거다. '관계와 협력'이 뜻하는 인간존재를 바로
알자는 거고, 그건 인간의 풍부한 덕성으로 삶을 풍부하게 살자는
뜻이다.

농부 할아버지와 개구리의 우화는 재미를 넘어선 인생의 한 과
정을 담고 있다. 어디 한 번 보자.

늙은 농부가 밭에서 일을 하고 있었다. 개울가에 있던 개구리가 팔짝
뛰어 다가와서 말을 걸었다.

"저는 마법에 걸린 개구리랍니다. 할아버지가 저에게 입을 맞춰주시
면 여자로 변해서 할아버지와 함께 살 수 있어요. 저는 원래 하늘에
서 살던 선녀였거든요."

그러자 늙은 할아버지는 개구리를 얼른 집어서 호주머니에 넣었다.
그러고는 다시 일을 하기 시작했다. 개구리가 말했다.

"할아버지, 난 진짜로 예쁜 선녀예요. 왜, 입을 맞춰주지 않고 나를 주

머니 속에 넣어 두는 거죠?"

그러자 농부가,

"나는 여자 같은 건 필요 없어. 너도 내 나이 돼 봐. 여자보다 개구리

와 얘기하는 게 더 재미있지"라고 말했다.

- 김재일, 『종이거울』

필자가 다소 전공에서 벗어난 말을 한다고 갸우뚱하지 않았으면 좋겠다. 다만 남녀의 구분을 떠나 보다 객관성이 있는 인간덕성의 정신자산을 찾아서, 그걸 인간 스스로가 공유하고 활용해야 한다고 믿을 뿐이다.

지구의 수많은 생명체 중에 정신적으로 가장 뛰어난 것은 단연 인간이다. 정신력은 인간만이 가진 특장(特長)이고, 해서 인간을 영장(靈長)이라고 하지 않는가. 그런 인간장점인 덕성을 하나하나 찾아내 적극 활용해야 오늘의 세기적인 난국을 헤쳐 나갈 수 있다고 본다.

필자의 솔직한 심정으로는 여성성이 남성성보다 덕성을 더 풍부하게 발휘하고 있고, 잘 계발되어 있다고 본다. 아울러 덧붙여 말하고 싶은 건 아무리 뛰어난 여성성의 특장이라고 해도 넘치거나 부족한 것보다는, 공정하고 적절해야 한다는 점이다. 한쪽으로 치우치거나 그릇이 넘치면, 특장의 이로움만큼 해악이 될 수도 있어서다.

제2장

여성성의 신비

여성성이 새 시대를 열어가는 열쇠다

여성성이 새 시대를 열어가는 열쇠다

'여성성(女性性)이 답이다.'

이 말은 여러 가지 위기에 둘러싸인 현대 인류가 살아갈 방법이, 여성에게 있다는 뜻으로 필자가 붙여 본 말이다. 위기를 벗어나기 위해, '관계와 협력'의 존재원형으로 돌아가는 키워드가 여성성이라는 말을 하고 싶어서다.

지금 우리 인류는, 밖으로는 지구온난화로 인한 이상기후와 예기치 못하는 운석우의 불청객으로 생존위기에 처해 있고, 안으로는 눈부신 과학기술문명의 발달에서 비롯된, 생활양식의 급격한 구조변화에 따른 혼란을 겪고 있다.

이로 인해 우리는 그동안 살아왔던 삶의 준거였던 정체성을 상실한 채, 새로운 삶의 패러다임을 형성할 때까지 의식부재와 그로 인한 혼란이라는, 위기 아닌 위기에 처해 있다. 물론 이 밖에도 굶주림과 핵, 새로운 질병과 전쟁 등, 인간의 삶은 많은 위험에 노출되어 있고 여러 위기에 둘러싸여 있다.

　러시아 운석우로 인한 '운석 소나기'와 '우주로부터의 위험'이
라는 제하의 글을 차례로 발췌 소개해 본다.

　미국항공우주국(NASA)은 러시아에 떨어진 운석이 지름 17m에 무게
1만t이라고 어림잡았다. 대기권에서 일으킨 폭발력은 히로시마 원폭
의 33배에 이른다고 했다. 지름 1000km에 이르는 소행성에 비하면
지름 17m 운석은 모래 알갱이와 같다. 그런데도 이번에 러시아 하늘
과 땅을 뒤흔들었고 세계를 놀라게 했다.
　러시아 운석우는 지구인에게 던져진 '우주의 묵시록(黙示錄)'이 아닐
까. 인간은 지구 안에서만 생각할 게 아니라 우주 속 존재라는 걸 깨
달으라는 계시인 듯하다. 무한한 우주에서 인간은 찰나의 티끌만도
못한 존재가 아닌가.

- 2013. 2. 18.『조선일보』A34

　대도시에 살면서 유성이 떨어지는 것을 본 기억은 가물가물하지만
한적한 시골로 나가면 하루에도 100t 이상의 유성이 지구로 떨어지
는 것을 보는 것은 그리 어렵지 않은 일이다. 우리가 보는 대부분의
유성은 모래알 정도 크기이고 아주 밝은 것도 자갈 크기에 지나지 않
는다.
　대부분 유성은 지구 대기를 통과하면서 타서 없어지지만, 이번에 러
시아에 떨어진 크기의 유성은 이야기가 다르다. 비교적 한산한 지역
에 떨어졌어도 인명피해가 1000명을 넘었다. 2009년 미국의 리스크

매니지먼트솔루션(RMS)사가 보험회사를 위해 작성한 특별보고서에 의하면 1908년 러시아 툰구스카 지역에 떨어진 유성이 뉴욕 맨해튼에 떨어진다면, 약 1000만 명의 인명피해와 2조 달러의 재산피해가 예상된다. 15일 러시아에 떨어진 유성은 이보다는 작은 크기지만 대도시에 떨어졌을 경우 마찬가지로 상당한 인명피해와 재산피해가 예상된다. -중략-

나로호 발사성공으로 우주에 대한 관심이 그 어느 때보다 높아지고, 달 탐사가 새 정부의 공약사항이 됐다. 작년 8월 국회에 제출된 우주개발진흥법 일부 개정안에는 우주 위험으로부터 우리나라의 우주 자산을 보호하고 국가사회적 위협에 대응하기 위해 새로이 마련된 조항이 포함되어 있다. 국가적 대응시스템 구축을 위해서는 관련 법안이 우선적으로 통과되어야 하고 이를 뒷받침할 예산 확보도 필수적이다. 우주시대를 맞이하여 우주 위험이라는 비록 생소하지만 새로이 인식하게 된 위험으로부터 우리 국민이 지속적으로 안전함을 느끼는 사회를 만들 수 있도록 국회와 새 정부에 기대해 본다.

- 2013. 2. 27. 『동아일보』 A31

이런 위험과 위기로부터 인간은 가능한 멀리 벗어나야 한다. 인간의 힘으로 불가항력은 어쩔 수 없겠지만 가능한 한 방법을 찾아야 하고 노력을 기울여 가야 한다. 우선 지구온난화의 해결방법은 인간의 마음에서부터 찾아야 할 것이다. 결자해지(結者解之)의 입장에서도 그렇다. 무엇보다 오래 된 전통적인 삶의 원칙인 '관계와 협력'에서 다시 찾아야 할지도 모른다.

켜켜이 묵은 말이라고 치부할지 모르지만, 우리는 이미 많은 경험을 통해서 그 원칙을 은연중 자각하고 있다. 쉬쉬할 뿐이다. 위험과 위기의 탈출구가 사람 안에 있다는 것을 어느 정도 알고 있고, 묵시적으로 거기에 동조하고 있다는 뜻이고, 그건 '관계와 협력'을 말한다. 다만 결정적인 때를 기다릴 뿐이다.

필자는 그 방법이 바로 인간, 그 중에 여성성에 있다는 말을 하고 싶은 것이다. 여성의 특성이자 인간덕성인 여성성, 그 특장을 잘 살펴보면 현재의 위기를 극복하거나 벗어나는 일에 매우 요긴한 것들이라는 사실을 알게 된다. 그 덕성은 현재 안팎으로 조여오는 위기의 삶에 해법으로 시의적절한 것들이다.

여성성의 그런 특장들을 살펴보면 대부분 남성성에선 무시되거나 미처 계발되지 않아 취약한 것들이다. 여성의 덕성은 폭넓고 종합적이다. 누구나 받아들여 마음껏 써도 부족하지 않을 정도다. 인류공존의 생존요소가 너끈히 된다. 여성들이 그런 덕성의 정신세계를 갖게 된 건, 두 가지 이유로 필자는 생각한다.

첫째는, 생명육성자로서 타고난 천부적인 것.

둘째는, 사회적 약자로서 생존을 위해 터득하고 깨달아 형성된 것들이 진화되었다. 이런 두 가지 관점을 염두에 두고 여성의 특성을 대강 간추려 본다.

여성의 몸은 신비다

여성의 몸은 우주와 같다. 달이 차면 기울고, 기울면 다시 차는 우주질서의 운행, 그 신비를 여성은 몸의 직관으로 안다. 우주의 신비를 여성은 몸으로 고스란히 갖고 있고, 교류하고 작용한다. 놀랍다.

이 점을 남성들이 인식하면 여성을 보다 깊이 들여다 보게 되고 폭넓게 이해할 수 있을 것이다.

여성의 몸은 때〔時〕다

달이 차면 기울고, 기울면 다시 찬다. 여성은 달〔月〕과 긴밀한 관계다. 달의 변화를 알고 때를 안다. 때를 기다려야 한다는 사실도 안다. 몸으로 안다. 따라서 기다려야 할 때는 결코 서두르지 않는다. 그렇다고 때를 놓치는 법도 없다. 몸으로 알기 때문이다. 어느 때나 시의적절하여 넘치지도 모자라지도 않는다.

인간의 일상사에서도 여성들은 몸에 뻗어있는 촉수의 직관으로 일의 선후를 알고 완급을 안다. 배워서 알거나 보고 들은 정보로 알기 전에 몸이 안다. 머리로 알지 않고, 자신의 온몸에 망처럼 퍼져 있는 신경직관(神經直觀)을 통해 안다.

여성의 몸은 사랑이다

여성의 몸, 또 다른 이름으로 '사랑'이다.

히말라야가 허락하지 않으면 그 누구도 등정이 안 되듯이 여성의 몸도 사랑을 통해서 이해와 접근이 가능하다.

예부터 정신적인 사랑을 먼저 말했지만 이는 인간생명이 지닌 불변의 질서이고, 우주와도 동렬(同列)의 질서다.

순수한 사랑, 그 정신이 충만해야 성역에 들어설 수 있다. 순수한 사랑, 집중과 초월이다. 집중은 전념(專念)이고 초월은 대립을 넘어선 일치다. 이 두 조건을 원하는 여성의 사랑, 언제나 여성의 그 사랑방식이 옳다.

바야흐로 남성들은 늦게서야 비싼 수업료를 내는 중인지 모른다.

여성의 몸은 감동이다

여성의 몸, '감동'이다.

여성의 몸은 예민한 감동이기에 철저하게 정신적이고 상호적이다. 몸 자체가 '관계와 협력'의 철학을 말없이 말해 주고 있다.

이처럼 여성의 몸은 인간존재이기에 감전도(感電度)가 빠르다. 기쁨도 슬픔도 사랑도 초고속이다. 감전도의 교감인 감동은 일시에 온 몸으로 퍼진다.

눈이 감동하고,

귀가 감동하고,

몸이 감동한다. ……행이다.

여성의 행은 몸의 감동에서 나온다. 여성이 베푸는 선행은 감동과 비례하기에 어려움도 어렵지 않다. 감동엔 장애가 없어서다.

여성의 몸은 정교하다

여성의 몸은 성능 좋은 안테나와 같고, 잘 다뤄야 하는 유리잔과 같다. 워낙 정교한 몸이어서 조심하지 않으면 깨어지기 쉽다. 이 사실을 알지 못하면 여성성이 온전할 수 없고, 여성의 덕성이 발휘될 수 없음은 말할 나위도 없다.

늘 사용하고 있으면서 이걸 몰랐네. 그릇은 가만히 놔둬야 오래 가지만, 사람의 몸은 자꾸 써야 오래 간다는 걸─.
남자의 몸은 쇠와 같다. 자주 쓰면 광이 나지만 쓰지 않으면 녹이 난다.
여자의 몸은 유리잔과 같다. 조심해서 쓰면 오래 가지만 함부로 쓰면 깨지고 만다.

─ 이규경, 『몸』

여성의 몸은 만덕을 지니고 있다

생명육성자로서 여성의 덕성은 천부적이다. 우린 이 사실을 알고 인정하고 존중하여, 인간사회에 발휘할 수 있도록 노력해야 한다.

다소 엉뚱한 말 같지만, 그 동안 우리사회에서 여성이 약자였기에 많은 장점을 가지게 되었다. 여성들은 자신들이 처한 불리한 위치를 극복하려고, 생존의 지혜를 발휘했던 것이다. 아이러니하지만, '가치 있는 건 고통 속에서 이루어진다'고 하는데, 여성의 덕성도 그렇다.

고난 속에서 정신의 광채가 맺어지고, 어둠 속에서 빛은 존재를 과시함인가. 이처럼 여성도 살아남기 위해 겸손과 배려와 친절 등 만덕을 몸에 익혔을 것이다. 눈물겹도록-.

이젠 바뀌어야 한다

여성은 아직까지도 사회적으로 약자이다. 강자는 약자의 감추어진 장점을 지나쳐 모른다. 나아가 약자의 입장이나 심정도 모른다. 그러기에 강자는 오랜 동안 여성을 함부로 생각하고 규정짓고 제한시켜, 말하고 행동해 왔으며, 심지어는 물리력을 앞세워 억압하기도 했다. 아직도 끝나지 않았다.

강자는 여태껏 그렇다. 그렇지만 교만으로는 진실을 볼 수도 없고, 가까이 할 수도 없다는 사실을 깨달아야 한다. 다행히 진실은 모두의 눈앞에 있다. 그러나 진실을 보고 있어도 보지 못하고, 듣고 있어도 들리지 않아 결국 없는 것이 되고 만다. 마음을 열지 않아서다.

매우 중요한 건 누구에게나 진실을 토대로 하지 않는 삶은 오래

갈 수 없다는 거고, 행복하지 않다는 거다. 인류평등은 진실로부터
다. 여기에서 진실에 대한 잠언 한 가지를 보자.

> 부지런한 사람의 세월은 그 사람의 가난을 빼앗아 가고,
>
> 게으른 사람의 세월은 그 사람의 희망을 빼앗아 간다.

> 욕심 많은 사람의 세월은 그 사람에게 번뇌를 가져다주고,
>
> 베푸는 사람의 세월은 그 사람에게 복을 가져다준다.
>
> — 이규경, 『배고프면 밥 먹는다』

지구의 온난화가 가속화되는 가운데서도, 인간의 과학기술문명
은 비약적인 발전을 도모하고 있다. 이 두 가지 큰 변화 속에서, 인
류의 생존을 위해선, 더 많이 더 크게 더 빠르게 바뀌어야 할 것이
있다. 바로 인간의 마음이다. 돈 들지 않고 힘들지 않는 마음을 바
꾸는 일이니까 누구나 손쉽게 가능할 것이다. 적이 낙관적이고 희
망적이다.

과연 그럴까?

인생의 답은 여성성, 행동에 있다

우리는 여성을 배워야 한다. 그 동안 여성이 개발한 지혜와 자애, 배려와 관용 등 많은 덕성을 남성도 여성도 배워야 한다. 남성은 여성에게 배우고, 여성은 자신에게 배워야 한다. 인간존재인 '관계와 협력'의 토대를 다시 현실에서 마련하고 구축하기 위해서다. 왜 여성도 배워야 한다고 말하는가? 여성도 자신을 알아야 하기 때문이다.

현실 속에서 살아가며 부딪치는 인생문제의 모든 답은 사람의 덕성에 있고, 그 중에서도 여성성에 더 많이 있다는 걸 앞에서도 말했다. 직관과 자애와 친절과 겸손 등이다. 그런 모두가 인간의 마음에서 비롯되었고 거기에서 얻은 것들이고 나온 것들이다.

우리의 마음은 다행히 형체나 소리가 아니기에 글 한 구절이나 말 한 마디에서도 쉬이 바뀔 수 있다. 그런 마음의 일단을 잠깐 살펴보자. 어떻게 숨고, 어떻게 드러나는가를.

밥 먹는 것은 행복이지만 맛있게 먹는 것은 더 큰 행복이다.
맛있게 먹는 것은 행복이지만 감사하게 먹는 것은 더 큰 행복이다.

잠자는 것은 행복이지만 이부자리 속에서 자는 것은 더 큰 행복이고,
이부자리 속에서 자는 것은 행복이지만 걱정 없이 자는 것은 더 큰 행복이다.

- 이규경,『배고프면 밥 먹는다』

사람은 뭘 좀 아는 것 같아도, 그건 대부분 밖에 있는 것들이다. 자신 내부의 것은 모른다. 대표적으로 몸은 어느 정도 알아도 마음은 거의 모른다는 거다. 겉에 있는 몸이나 형체와 소리는 보이고 들리지만, 내부에 있는 마음은 형체가 아니고 소리가 아니기에 볼 수도 없고 들을 수도 없어서 일거다.

그러므로 보이는 건 작은 것이고, 보이지 않는 건 큰 것이다. 몸이 하나의 산봉우리라면, 마음은 넓은 바다다. 해서, 안다고 해봐야 겨우 티끌정도다. 결국 모르고 사는 거다.

사람의 몸은 보이지만 사람의 덕성은 보이지 않는다. 여성의 몸

은 보이지만 여성의 덕성은 보이지 않는다. 그래서 지금껏 여성과 함께 살아왔지만 아는 것은 티끌 정도고 모르는 것은 바다인 셈이다. 더 숨이 답답한 건, 여성도 여성자신을 모른다는 사실이다.

이제 남녀 모두 사람을 제대로 알아야 한다. 그 방법은 당사자의 언행을 통해서 덕성을 아는 것이다. 거기에 답이 있고, 그 답을 기어이 현실에 끌어내야 한다. 행동으로 서다. 그래서 남성은 여성을 알아야 하고, 여성은 남성을 알아야 한다. 분명 애쓰고 노력해서 알아야 할 것, 갖추어야 할 인간의 덕성은 매우 유익하고 가치 있는 것들이기에 언제나 결정적이다. 행동이 말이다.

사람을 정확하게 아는 방법, 그의 언행을 본다

사람을 제대로 알기 위해서는 깨달아야 한다. 여성을 아는 일도 깨달아야 한다. 남성들에게는 그 깨달음이 더욱 긴요하다. 자신을 낳아 준 어머니와 인생의 절실한 벗인 아내가 여성이기 때문이다. 그런 남성들은 '여성'을 화두로 삼아 깨달음을 향해 줄기차게 나아가야 한다. 마치 구도자들처럼 - . 삶이라는 '인생도(人生道)'를 닦아야 하기에.

어쩌면 이 일은 이 세상의 모든 남성들이 해결해야 할 최우선 과제이고 풀어야 할 인생의 화두일지도 모른다. 깊이 생각해 보면 머리가 끄덕여질 것이다. 화두를 풀어야 자유인이 된다.

어떤 이는 편견에 잡혀 있고, 어떤 이는 망상에 잡혀 있네.

어떤 이는 칭찬에 끌려 다니고, 어떤 이는 욕심에 끌려 다니네.

그러면서도 자유인이라고 말하네.

그것들에 잡혀 있으면서도,

그것들을 벗어나지 못하면서도,

제멋대로 뛰어다니며 시끄럽게 한다고 자유인이라고 말하네.

- 이규경,『배고프면 밥 먹는다』

부부는 서로를 깨닫고 살면 행복이고 깨닫지 못하고 살면 평생 고단한 짐이다. 남성, 여성성을 깨달으면 행복이 온다. 여성, 남성성을 깨달으면 기쁨이 온다. 깨달음은 언행이기 때문이다.

그러나 양성(兩性)인 부부가 남녀의 덕성을 깨닫지 못하면 평생 형식에 머물거나 껍질만 움켜쥐고 사는 서로에게 고단한 짐이 될 수도 있다. 덕성 갖춘 언행이 없는 삶은.

어렵지 않다. 상대를 자세하게 살피는 데서 덕성을 깨닫는다. 그건 언행을 통해서다. 그리고 덕성의 언행을 갖추지 않으면 낙오된다. 여성성인 덕성에서 낙오되면 다 잃는 것이 된다.

제3장

여성들이 꽃피우는 12 가지

남성은 그리움으로 살고, 여성은 자부심으로 산다

남성은 그리움으로 살고 여성은 자부심으로 산다

생각이 짧은 사람은 한 쪽이 짧은 노를 저어 배를 타고 가는 사람과
도 같다.
넓은 바다를 건너겠다고 열심히 노를 저어 앞으로 나가지만,
결국은 뱅뱅 돌아서 제자리로 오고 만다.

- 이규경, 『배고프면 밥 먹는다』

대개 사람들은 오늘을 어제의 습관대로 산다. 무덤덤하게 새 날
을 그렇게 맞고 보낸다. 태어난 삶은 강물이 흘러가듯 그렇게 살
아간다. 마치 어제 저녁 먹다 남은 음식으로 다시 오늘 아침상을
차리는 것과도 같다. 어제의 것을 탈탈 털어내어 새 마음으로 살
지 못한다. 육체의 주인인 마음을 모르기 때문이다.

그리고 하루의 삶에서도 정신 바짝 차리고 사는 건 채 몇 분도
되지 않는다. 하루와 한 달이 그렇고 일 년이 그렇고, 10년 내지 평
생이 그렇다. 그저 별 생각 없이 닥치는 대로, 무상(無常)하기 그지
없는 강물 같은 시간 속에서 마냥 흘러가듯 살아간다.

그런 삶은 분명한 목적이나 뜻이 없기에 여기저기 불려 다니거나 끌려 다니며 온갖 소소한 인연의 단초를 만든다. 언젠가 자신이 맞이하고 거둬야 할 인연의 씨를 무턱대고 사방에 뿌려대는 것이다.

나중에 그 씨앗이 싹터 자라서 핀 꽃이나 맺은 열매를 보고서야 '미운 꽃이 피었다'고, '부실한 열매가 맺었다'고, 애꿎은 남에게 불평하거나, 공동체에게 책임을 전가하고, 원망의 화살을 팡팡 쏘아댄다.

사람이 새로워질 수 있는 이야기를 하려고 한다. 자신의 기량을 키울 수 있는 덕성의 이야기인 '관계와 협력'의 참다운 인간존재를 이제부터 좀 더 차분하게 말해보려고 한다. '관계와 협력'이 인간존재의 진정한 모습이기 때문이다.

'생존 · 공존'을 위한 인간덕성은 남성성보다 여성성에 더 풍부하다는 걸 이미 말했다. 여성이 더 개발하여 쓰고 있기 때문이다. 이 사실에 실제적인 기반을 두고서 이야기를 풀어 나가려고 한다. 여성이 가진 덕성의 공유를 통해서 모두의 삶을 더욱 풍요롭게 하기 위해서다.

대개 사람의 마음, 인간심리를 보면 '남성은 그리움으로 살고, 여성은 자부심으로 산다'는 걸 느낀다. 인간 밑바닥에 소리없이 보이지 않게 흐르는 두 강의 이름이다. '그리움의 강' '자부심의 강'!

책임감

대학 캠퍼스를 거니는데 누군가 다가와 말을 건다.

"당신을 쭉 지켜보고 있었어요. 정말 매력적이시네요. 오늘 밤 나랑 자지 않을래요?"

상대는 처음 보는 남(여)학생이고 용모는 중간 수준이다. 당신의 응답은?

1982년 미국 플로리다 주립대에서 실험한 결과를 보자. 남학생의 69%는 "좋지요"라고 응답했다. 여학생은 100% "아니오"였다. 남자는 '밝히는' 족속이라는 말이다.

그 배경에는 진화의 역사가 자리 잡고 있다. 남자는 몇 시간 투자해 씨를 뿌리면 번식에 성공할 수 있다. 하지만 여자는 9개월여를 거쳐 한 명을 낳을 수 있을 뿐이다. 책임감과 부양능력이 우수한 남성을 신중히 고르지 않은 여성은 도태됐을 것이다.

- 2012. 11. 27.『중앙일보』오피니언 36

여성의 책임감에 대한 이 이야기는 매우 현실적이다. 진정한 책임감이란 올바른 현실인식에서 나온다는 사실을 밝히고 있다. 현실인식은 자기인생의 위치 파악이고, 삶에 대한 자세 확립이기도 하다. 이 현실인식이 균형감 있게 확립되어 있지 않으면, 삶은 기울어지거나 어려움에 처하게 된다. 충실한 자기인생을 기대할 수 없다.

여성들의 현실인식 중에서 가장 먼저 손꼽히는 일은, 자녀들로 향하는 어머니의 교육열일 것이다. 자녀에 대한 부모의 교육의지, 특히 어머니의 열화같은 교육열. 이 얼마나 확고부동한 현실인식의 총합인가. 이 살벌하리만치 치열한 경쟁사회에서 교육열은 점점 과열되어 가고 있다. 인격향상을 위한 인성개발의 교육이 되지 못하고, 지식습득의 교육열풍이 광풍(狂風)처럼 불어대고 있는 것이다. 이는 국토가 좁고 인구는 많기 때문이기도 하고, 또 조상 대대로 이어져 온 자식교육에 대한 잠재적인 유전코드가 작용한 결과이기도 할 것이다.

물론, 이런 교육열 과열현상에는 삶을 폭넓게 보지 못하는 한계도 있을 테고, 집착이라는 심리적인 대리만족의 요인도 있을 것이다. 그렇다고 동기 자체를 무조건 나쁘게만 보거나 나무라서만 될 일은 아니다. 다만 인간의 덕성을 외면하거나 소홀히 하고 있다는 점에서 경각심을 가져야 할 것으로 본다. 교육열풍에서 벗어난 모범사례를 보자.

구룡포에서 토마토 농사를 짓는 황보태조(65)씨 내외다. …중략…

두 분 말씀을 들으며 새삼, 몹시 부끄러웠다. 엄마로서 내게 부족한 건 돈도 정보도 아니요 결국 정성임을 아프게 되새겼다. 무슨 일만 생기면 '전문가'부터 찾고 보는 게 요즘 부모들이다. 공부는 학원에, 생활지도는 학교에, 이젠 아이들 게임 시간 관리마저 정부 손에 맡기려 든다.

만약 두 분이 게임 중독에 빠진 아이를 맡는다면 아마 일단 오래 관찰할 거다. 게임도 같이 하고, 밥도 함께 먹으며, 아이 가슴을 들여다보기 위해, 사력을 다할 거다. 어떻게든 더 재미있는 일을 찾아 시간을 들여 바꿔갈 거다. 사랑과 정성보다 더 큰 힘은 없음을, 조용히 증명해낼 것이다.

- 2012. 2. 6. 『중앙일보』 오피니언39

위의 기사는 시골에 살면서도 자식교육을 인격형성 위주로 무난히 한 드문 사례다. 이 사례에서처럼 세상의 부모들은 자식에 대한 책임감과 정성이 중요하다는 것을 누구나 느끼고 살 것이다. 그렇지만 급속한 사회 흐름은 부모들에게 평정심을 빼앗아 간다.

쉽사리 바람에 휩쓸리고 만다. 대개 엄마들이다.

그런데 아이러니하게도 부모 중 남성인 남편이나 아빠들에게는 그런 책임감과 정성이 약하거나 부족한 것 같다. 다 같은 부모이지만 아비와 어미가 사뭇 다르다는 거다. 겉으로 보기에는.

물론 어미는 목숨 걸어 아이를 낳고 키우기 때문에, 아비와는 다소 다를 것이라고는 감안해 본다. 바로 이런 사회적인 흐름과 심리적인 점들이 엄마인 여성을 더 철저한 현실주의자로, 교육투사로 만든 동인(動因)이 되었는지도 모른다.

생명육성자의 사명감 내지 책임감이라고 할까, 어미가 갖는 자식에 대한 헌신의 무한본능이라고나 할까? 심지어 아내는 남편과 떨어져도 보란 듯이 자식을 탈 없이 키워낸다.

여성성 중에는 책임감의 비중이 가장 큰 것으로 부각된다. 나아가 여성들은 매사를 책임감의 토대 위에서 생각하고 행동하기 때문에 일상에서도 남성들과 현격한 차이를 드러내고 있는지도 모른다. 물론 이런 책임감이 남성에게 없는 것은 아니다. 그러나 자식을 대함에 있어서 어미와 아비의 차이는 다소 있는 것 같다.

여성의 책임감은 얼마나 철저한지 모른다. 자식에 대한 어미의 생각은 예감이나 직감 등 타고 난 생명본능에 속한다. 자신의 뼈골에까지 사무쳐 있지 않고는 어려운 일이다. 가히 집중의 힘은 도(道)의 경지라고나 할까. 여성들은 자식에 대해서는 누구나 책임 달인들이다. 물불을 가리지 않는다. 자식을 위해서라면 남의 물건을 훔치거나 심지어는 상대를 대신 때려주는 위해(危害)를 가하기도 하고 사지(死地)에도 서슴없이 뛰어 든다.

여성들의 현실에 대한 인식이나 순간적인 판단인 직감은, 선험적인 예지나 각성(覺性)의 자각(自覺)과도 같다. 여성의 정신단계는 그만큼 깊고 높다는 말이기도 하고 계발되었다고도 할 것이다. 그래서 흔히, "남자가 아내 말만 잘 들어도 자다가 떡이 생긴다"고 말하는지도 모르겠다. 내지 사업도 그렇고, 어쩌면 인생 전 분야에서 그렇지 않을까?

신혼 때부터 남편이 아내 말을 경청하고 존중하며 인생이나 사업을 벌여 나가면, 최소한 곤란에 빠지거나 망하지는 않는다고 할 정도니까. 부부의 '관계와 협력'이란 바로 이런 천부적인 특혜일 것이다. 활용 여하에 따라서-.

"독존(獨存)의 남성들이여, 일이 어려웠을 때, 결코 세상을 탓하거나 원망하지 말자. 최고의 멘토를 곁에 두고도 의논하지 않고 묻지 않고 '관계와 협력'의 특혜를 저버린 어리석은 죄가 있으니!"

어젠가 젊은 남매가 그들의 어머니와 함께 필자를 찾아와서 차를 한 잔 나누게 되었다. 차향(茶香)에 젖어 있는 젊은이들에게 대뜸 물었다.

"이 세상에는 보통의 사람을 범부라고 하는데, 그 위는 뭘까?"
"군자나 현자가 되겠지요."

"그럼, 그 위는?"

"성인(聖人)이 아니겠어요?"

"그럼, 성인 위에는?"

"……?"

"바로, 자네들의 어머니일세."

"네……?"

남매는 전혀 이해가 되지 않는 표정으로 아니 태어나서 처음 들어 본다는 놀라운 얼굴로 필자를 쳐다봤다. 필자는 우선 생물학적으로 어머니와 자식과의 관계를 설명했다. 특히 아기를 갖는 건 어머니가 자신의 목숨을 걸고 하는 일이라는 걸 차근차근 설명했다. 앞의 문답에 이미 기가 꺾인 남매는, 필자가 매우 상식적인 이야기를 하는데도 처음 듣는 사람들처럼 귀를 쫑긋 기울였다.

"알다시피 아버지의 정자와 어머니의 난자가 어머니의 뱃속에서 수정되면, 그 크기가 사람의 눈에 보이지 않을 정도라네. 그렇게 미미하기 그지없는 형체가 어머니의 뱃속에서 점점 자라서, 눈과 코와 귀와 입 등이 생기고, 팔다리와 육신이 생기며, 오장육부가 형성되어 점점 사람이 되는 거지.

그런 태아를 어머니는, 자신의 몸 속 가장 깊고 외부의 위험으로부터 안전하고 은밀한 곳에서 보호하고 키우지. 이런 과정을 모두 거친 후에 비로소 태아는 세상에 태어나는 거야.

여기서 우리 잠깐 생각해 보게나. 사람이 자신의 몸 안에 사람을 넣고 열 달 동안 생활한다고 생각해 봐. 불편한 건 말할 나위도 없고, 심리적인 상태는 겪어보지 않은 사람은 도저히 상상도 못할 거야. 그것도 하루 이틀도 아니고 아홉 달이 넘는 상당한 기간 동안 말이지.

그 뿐인가? 태아가 세상에 태어날 때도, 어머닌 또 자신의 목숨을 걸지. 의학이 발달한 현대에서도 출산 중에 산모가 목숨을 잃은 경우가 왕왕 있는데, 옛날에는 얼마나 흔한 일이었겠는가?”

필자는 잠시 말을 끊고, 남매의 표정을 살폈다. 그동안 한 번도 생각하지 않고 살았던 이야길 듣는구나 하는 부끄러운 기색이 홍조로 역력했고 딸에겐 자부심 어린 표정이 빠르게 스쳤다. 이야기를 마저 이어갔다.

“그렇게 갓 태어난 아기, 영아(嬰兒)에게는 잠시도 눈을 돌리거나 소홀해선 안 돼. 영아는 파리 한 마리도 스스로 막지 못한다네. 이런 인간에 비해 동물들은 어미에게서 나오자마자, 눈을 뜨고 어미를 알아보기도 하고, 아프리카의 초식동물 ‘누’는 태어나 10분 만에 뛰어다니기도 하지만, 인간은 그렇지를 못해.

우리들의 가여운 어머닌 그런 자식을 위해, 스물네 시간 깨어서 보호한다네. 몸은 잠을 자도, 생명본능이 주관하는 또 다른 의식은 아기를 보호하기 위해 깨어 있다는 거지. 이렇게 형성된 어머니의

마음은 자식이 영아나 유아 때뿐 아니라, 어른이 되어도 변하지
않고 바뀌지 않는다네. 이미 그 자식은 양육의 과정을 통해 어머
니 자신의 본능이 되고 신념이 되고 목숨이 된 거야. 해서 어머니
는 자식이 위험에 처하면 본능적으로 자신을 던진다네. 이런 헌신
은 어머니 자신이 목숨을 마치는 날까지 ─. 심지어는 저승에 가서
도 달라지지 않을 거네. 그게 우리들의 무수한 어머니들인 조상의
힘이기도 하지만."

대개 이런 이야기는 젊은 사람들에게 식상한 메뉴다. 다 안다고
지레 생각해서 듣지 않으려고 하거나 꼰대의 잔소리쯤으로 생각
한다. 그렇지만 그날의 남매들은 좀 달랐다.

"자식들은 이 사실을 분명히 알아차려야 해. 바로 이점이 여성
인 어머니가 가진 책임감의 원천이고, 자식에겐 은혜의 원천이라
는 사실을 깨달아야 해. 어떤 경우에도 자식을 먼저 생각하는 어
머니, 자식은 그 마음을 귀찮게 생각하거나 집착이라고 여겨선 안
돼. 책임감과 집착을 혼동하면 어머니의 마음을 모르게 되고, 그건
실제 사실과는 거리가 먼 거짓이 되는 거고 배은망덕이 되는 거
지. 자식에 대한 어머니의 마음은 책임감으로 풀어나가야 해."

우리는 알아야 한다. 여성을 배우고 이해함에 어머니가 가장 먼
저라는 사실을. 그리고 남자는 여자를 알 때 어머니를 먼저 알아

야 한다. 모든 남성들은 어머니로부터 여성을 배우고 알아야, 건전한 여성관을 가질 수 있고, 여성성을 깊이 이해하여 성별 이전의 인간애에 들어간다. 또 젊은 여성들은 어머니를 통해 자신의 숨겨진 능력을 깨닫게 되고.

그동안 인간은 인간을 배우지 않았다. 특히 자식들은 어머니를 배우지 않았다. 어쩌면 아버지가 어머니를 가르치지 않았고, 어머니의 존엄을 아버지가 지켜주지 않았다. 그래서 어머니의 또 다른 이름이 '책임감'이라는 사실을 자식들은 모른다.

"사람들은 흔히 어머니와 자식의 관계를 말할 때, 자식을 어머니의 분신(分身)이라고 말하네. 분신은 동등개념(同等槪念)으로, 똑같은 걸 필요에 의해 만들어 내는 건데, 말하자면 정해진 틀로 물건을 찍어내는 규격제품이나 복사품과 같은 거야.

그러나 자식은 어머니의 분신이 아니네. 물론 똑같지 않기 때문이지. 자식은 어머니에게서 태어났지만 철저하게 독립개념(獨立槪念)의 존재야. 우리 한 번 진솔하고 허심탄회로 생각해 보세나.

사람은 누구나 하고 싶은 일, 생각하는 것, 미래의 희망이나 싫고 좋은 것, 심지어 음식에 대해서도 좋아하는 것과 싫어하는 것, 어느 하나 예외 없이 독자적인 거야. 어머니 뱃속에서 형성된 자식인데도 엄청 다르지.

말했지만 인간은 형성되어 왔고, 또 끊임없이 형성되어가기 때문이라네. 이런 점을 알면, 자식은 어머니의 분신이 아니라는 걸 금방 이해할 거야. 그러므로 어머니도 의당 자식이 자신의 분신이 아니라는 사실을 알아야 해. 만약 자식이 어머니의 분신이라면 책임감이 아닌 집착이 되는 거야. 어머니 입장에서는 차라리 분신이라면 매우 간단하겠지. 자기 마음대로 조종할 수 있으니까.

그러나 자식이 어머니의 분신이 아니기 때문에, 어머니는 그 누구도 대신할 수 없고, 이해할 수조차 없는 매우 커다란 책임감을 갖는 거라네. 심지어 남편마저도 이해할 수 없는 책임감을 자네들의 어머니, 세상의 어머니들은 가지고 있다네."

마지막으로, 남녀 사이에서는 여성이 남성을 선택한다는 뜻을 다음과 같이 설명했다.

"여성이 자신의 마음에 드는 남자나 자신이 사랑하는 남자에 대해서는, 믿을 수 있는 훌륭한 남자라는 본능적인 믿음을 갖는다네. 상대가 누구든 자신에게 향하는 사랑을 확인하면 관심을 갖게 되고 받아들이게 되고 기뻐하네. 그 끝은 헌신이네. 여성성의 밑바닥에 있는 강력한 힘인 믿음 때문이야. 헌신은 여성의 자아감이지.

여성의 이런 점은 맹점이 되기도 하고 장점이 되기도 해. 상대인 남성의 인격에 따라서지. 그러나 이런 믿음이 깨졌을 때, 여성은 배신감으로 가장 크게 분노하게 돼지. 이는 미래에 대한 가장 중요한 믿음, 곧 여성 자신의 자아인 책임감을 상실한 분노라고 생각하면 될 걸세."

이런 책임감의 바탕인 여성의 현실인식은 매우 비범하다. 그렇다고 여성이 뭘 더 많이 알아서 그런 건 아니다. 불과 얼마 전까지만 해도 사회적인 정보에서 여성들은 철저하게 소외되었다. 또 사물이나 사건을 분석하고 평가하는 일은 두뇌 구조적으로 여성이 남성보다 못할 수도 있다. 그런데도 예감을 구사하는 정신력을 발휘하는 건 단연 뛰어나다. 투철한 현실인식의 책임감 때문이다. 여성은 오랜 세월, 그 투철한 현실인식의 책임감으로 인해 집중력이 매우 강해졌다. 집중력은 책임감의 토대이다.

오늘날 다수의 젊은 여성들은 책임질 수 없는 일은 아예 시작하지 않으려고 한다. 우리사회 환경에서 자식 키우기 힘들면, 아니 책임지기 어려우면 결혼을 하지 않거나, 하더라도 자식 없이 살려하는 게, 젊은 여성들의 현실인식이라고 말하면, 필자의 지나친 독단이나 기우일까?

여성성의 책임감을 우리 사회가 인정해 주고 보장해 줘야 한다고 본다. 많은 문제가 풀릴 것이다.

자애심

　자애는 말 그대로 '자비와 사랑'이다. 불교의 최고 용어와 기독교의 최고 용어를 합성한 말이다. 종교적인 말이 사회의 일상어가 된 대표적인 경우이지만, 바람직한 현상이다. 그만큼 정신의 깊이가 있기 때문이다. 그러나 여기선 본래의 뜻은 미뤄놓고, 일반적인 입장에서 여성의 자애를 생각해 본다.

　그럼 흔하게 '사랑'이지 않고, 왜 '자비'를 곁들여 내세우는가? 우리 사회가 지닌 다종교의 종교화합을 위해선가? 그러나 '종교화합'이라는 말은 맞지 않다. 그런 말이나 행동이 되레 불화를 조장해서이다. 각 종교는 자신들의 가르침을 충실히 수행하면 될 일이다. 따라서 여기선 전혀 그런 의도는 없다.

실제의 이유인즉 세상의 모든 일에는 대가가 따르지만, '자비(慈悲)'에는 어떤 대가도 따르지 않는다. 오른팔이 한 일을 왼팔에게 대가를 바라지 않는 우리 몸과 같다. 이처럼 자비는 무아행(無我行)이고, 곧 순수하기 그지 없는 양질의 '봉사·헌신'이다. 즉 상대에게 도움을 주었다고 뭘 요구하거나 바라는 것이 없는, 순도 100%의 이타행(利他行)을 말한다. 무조건 주기만 하고도 희희낙락 기뻐 어쩔 줄 모르는 정신단계라고나 할까. 전설처럼 들리기도 하겠지만 - .

아무튼 자애심은 한 생명이 다른 생명을 자신처럼 똑같이 대하는 마음가짐이다. 이걸 '동일생명(同一生命)'이라고도 하고, 때 묻지 않는 태초의 '인간본성'이라고도 한다. 과연 오늘의 각박한 현실에서 처음 듣는 것 같은 이 말에 대한 이해와 공감이 가능할까?

놀라겠지만 답은 '가능하다'이다. 이 말은 인간 자신의 본성이고, 여성성에 이미 잘 드러나 있기 때문이다. 여성은 생명육성자, 생명옹호자, 생명수호자이다. 그러므로 여성들은 남의 슬픔이나 아픔을 보면 재빨리 동화될 수 있는 뛰어난 능력을 가지고 있다. 함께 눈물 흘리고, 손뼉 치며 기뻐하는 감정이입이 초고속이다. 생명전파자인 남성과는 비교가 안 될 정도다. 비교는 비슷해야 가능한 일이다.

비교나 이해는커녕 비아냥거리기까지 했다. 감정동화가 잘 되는 사내아이는 계집아이 같다는 소리를 피할 수 없었기 때문이다. 다음 일화는 상황에 동화된다고 하기 보다는 이성적인 판단일 것이다.

40여 년 전, 어느 병원에서 있었던 일이다. 한밤중에 젊은 결핵환자가 갑자기 심한 각혈을 하며 쓰러졌다. 엉긴 핏덩이가 기도를 막아 젊은 환자는 질식사하기 직전이었다. 의사와 간호사가 달려왔지만, 공교롭게도 흡인기가 고장 나서 달리 손 쓸 방법이 없었다. 모두가 젊은 환자를 안타깝게 바라보고만 있었다.

그 때 저쪽 침대에 누워 있던 늙은 환자가 다가왔다. 그는 핏덩이가 기도를 막고 있는 젊은 결핵환자의 코와 입을 빨기 시작했다. 얼마쯤 지나자 젊은 환자의 기도를 막고 있던 핏덩어리가 툭- 빠져나왔다. 쓰러진 환자는 '휴-'하는 긴 숨을 몰아쉬면서 의식을 회복하고, 죽음의 문턱에서 돌아 나왔다. 그 늙은 환자는 젊은 환자를 위기에서 구해 준 얼마 뒤에, 이승의 끈을 놓고 말았다.

- 김재일, 『종이거울』

이렇듯이 자애는 감정동화든 이성판단이든 인간본성으로 남녀의 구분을 떠난 인류 보편의 심성이다. 다만 여성들에게서 더욱 빛난다는 것이다. 여성의 대표적인 덕성인 자애실천으로 20세기 인류의 성녀(聖女)로 존경받던 마더 테레사 수녀 같은 분을 꼽을 수 있겠다. 광덕스님의 자애에 대한 설명이 테레사 수녀의 심정을 대변하는지도 모르겠다.

사랑과 자비의 자애(慈愛)는 여성이 지닌 모든 덕성과 능력에서 가장 두드러진 점이라고 본다. 여성의 특장이라는 말이다.

이 자애는 고집이 없어서 어떤 완강함도 유연히 받아들여 섭수한다.

이 자애는 대립이 없어서 어떤 장벽도 장애가 되지 못한다. 그를 따뜻하게 감싸고 있어서 장벽과 장애를 넘어 있다.

그리고 이 자애에는 어떤 외로움도 슬픔도 없다. 자애의 따뜻한 몸, 그 체온으로 데우기 때문이다.

자애는 대지와 같이 모두를 성장시키고, 허공처럼 많은 이익을 지니고 있고, 누구에게나 걸림 없이 주고 있다.

-광덕, 『행복의 법칙』

사회적인 '봉사·헌신', 종교적인 '봉사·헌신', 모두 인간의 자애심에서 근거를 찾아볼 수가 있다. 자애심이 근본인 사회봉사나 신앙생활에서도 공히 여성이 남성보다 많은 숫자를 차지하고 있다. 그 한 예를 우리의 이웃에서 본다.

부산 서구에 천마재활원이 있다. 원장인 박묘정(76세) 여사는 부산대 약대를 졸업하고 결혼하여, 시어른들이 사재(私財)를 들여 시작한 자선사업단체인 〈천마재활원〉의 운영을 결혼 초인 새댁시절부터 맡았다.

박 여사가 자란 친정은 그런 일과는 관계없는 집안이었고, 또 자신이 어린 시절 꾸었던 미래의 꿈도 아니었다. 그런 박 여사가 '봉사·헌신'의 일이 하루 이틀도 아닌 평생의 업이 될 줄은 자신도 몰랐던 것이다.

　그리고 불과 얼마 전까지만 해도 사회봉사시설에 대한 우리 사회의 인식이 부족해서 주변으로부터 오해나 부당한 대접도 숱하게 받고 겪어냈다. 또 무엇보다 정신이나 육체의 장애를 가진 장애우들을 가족처럼 돌보기란 여간한 노력과 인내심 없이는 안 된다.

　그럼에도 박 여사가 며느리로서 아내로서 어머니로서의 역할을 너끈히 수행하며, 천마재활원을 오늘의 모범 사회봉사기관으로 성장시킬 수 있었던 힘은, 자신에게 있는 여성으로서의 자애심과 시아버지로부터 물려받았다는 현실적인 책임감에서였다고 했다.

　박 여사는 이 두 가지 힘으로 남편은 정신과 의사로 병원에서 근무하도록 하고, 자식들을 키우는 어머니로서 역할을 수행하며 많은 원생들을 자식처럼 거두며 동분서주 살아왔다. 당시만 해도 약사는 의사 못지않은 선망의 직업이었음에도 미련을 떨치고, 천마재활원에 올인할 수 있었던 힘은 오로지 자애심과 책임감이라는 것이었다.

　이제는 그곳의 원우들은 복이 많다는 소리를 주변으로부터 들을 정도로 모범기관이 됐다. 고령의 박 여사는 한 걸음 뒤로 물러나 있고, 큰 딸이 어머니의 뒤를 이어서 3대째 자애심과 책임감을 발휘하고 있다.

　물론 박 여사의 일에 가족과 사회가 협력했겠지만, 여성으로서의 박 여사가 갖는 자애심이 바탕이 되고, 가업에 대한 책임감이 어울려 오늘의 천마재활원이 있다고 본다.

친화력

친화력은 인간 내면의 평등한 성품을 고리로 한 자아실현이다. 또는 인간들끼리 상호존중의 동일시(同一視)를 말한다. 쉽게 말해 내가 귀하니까 상대방도 귀하다는 양심적인 사고방식이다. 내가 귀한 존재니까 거기에 맞춰 상대도 귀하다는 존중감을 드러냈을 때, 그게 바로 소통이고 인간애를 함양하는 친화력이 된다.

이 친화력은, 자신의 본성인 평등의 성품을 내면으로부터 드러내는 자기능력이다. 인간이 끝까지 인간을 사랑해야 하고 인간을 의지해야 한다면, 그것은 인간평등을 바탕으로 한 상호존중이 열쇠일 거다. 그런 인간성에 대한 존중과 동일시가 바로 이 친화력이다. 현상적인 모든 차이나 분별을 떠나 순수인간으로 돌아가게 하는 힘으로 인간에게 한없는 감동을 불러일으키는 무한의 힘, 인간을 착하게 만드는 최고의 힘일 것이다.

러시아의 대문호 톨스토이가 길을 가고 있었다. 그 때 거지 한 사람이 다가와, 구걸을 청했다. 톨스토이는 즉시 주머니를 뒤져 보았지만, 그날따라 돈이 한 푼도 없었다. 그는 미안해하며 말했다.

"미안하구려, 형제여! 오늘은 내 주머니에 돈이 한 푼도 들어있질 않구려!"

그러자 거지가 연신 허리를 굽히며,

"선생님, 당신이 누구신지는 모르겠으나 당신은 오늘 제게 돈 이상의 귀한 것을 주셨습니다. 보잘것없는 저를 '형제'라고 불러 주신 것입니다. 정말, 감사합니다"라고 말했다.

-『톨스토이 전집』

바로 톨스토이 같은 이런 상호 존중감의 표현이 친화력이다. 따라서 이 친화력은 다분히 현실주의자인 여성이 갖는 자기내면의 확대이며, 자기능력의 발휘이고, 배타성이 없는 순수한 인간감정의 교류이다.

그리고 사람과 사람의 공통점을, 가장 손쉬운 것에서부터 느끼고 받아들인다면, 이 친화력은 언제나 최우선이고, 즉시 실현할 수 있는 걸림 없는 전천후 인간덕목이 될 것이다.

인간의 공통점을 예로 든다면, 다 같은 사람이라든가, 태어났으니까 언젠가는 죽어야 한다든가, 사람의 일상적인 삶은 모두 그렇고 그렇다든가, 하는 평범한 삶 속에서 발견할 수 있는 손쉬운 것들에서부터 궁극적인 것에 이르기까지 바로 인간의 공통점이다. 일상에서 인간의 공통점을 찾아야 하고, 인간의 모습을 볼 수 있었을 때, 친화력은 샘물처럼 저절로 솟아난다. 그렇다면 친화력은 생각의 힘이고 모든 인간이 공동으로 가지는 감성, 또 다른 인류애라고 할 수 있겠다.

그러나 인간의 공통분모가 작아질수록, 공통점을 느끼지 못할수록 친화력은 제한을 받게 된다. 태생적으로 공통분모가 큰 우리 여성들은 친화력이 강하다. 어디서나 언제나 마음이 활짝 열려 있어서 인간관계가 적극적이다. 사람을 잘 사귀고 인간관계의 폭이 넓다.

거기에 비해, 남성들은 아무것도 아닌 일에도 괜한 자존심을 내세우거나 자기를 과시하여 장벽을 만든다. 사회적으로 교양을 갖춘 중후한 남성들에게도 내면을 파고 들어가 보면 그런 영역지킴이가 갖는 심리가 깔려있음을 본다.

이처럼 남성들은 인간관계의 장벽을 간직하고 있다. 그러나 당사자들은 잘 모른다. 기껏 자신의 정체성이라고 여길 정도다. 자신을 면밀하게 관찰하지 않거나 돌아보지 않아서 일거다. 어쩌면 개선하거나 버려야 할 그 남성성을 지금도 무의식중에 만들어가고 있는지도 모른다. 소통을 중요시하는 현대사회에서 남성들의 이런 심리와 행태는 가정에서나 사회에서 자칫 고립을 자초할 수 있다. 친화력 부재 때문이다.

인간은 인간 안에서만 행복할 수 있고, 보람을 찾을 수 있다. 인간을 떠나서는 그런 걸 찾을 수 없다. 대리 행복과 보람은 일시적이다. 집에 애완동물을 두는 것이나 취미생활은 자기위안이라는 일종의 이기심이다. 누가 말했다. 인간에게 정의(正義)는 없다고. 다만 이익이 있고, 이익을 위한 정의가 있을 뿐이라고.

이익에는 두 가지가 있다. 정신적, 물질적 구분인데 깊이 들어가면 구분이 없어진다. 결국 '관계와 협력'인데 그 밑바탕은 무아(無我)이고 무아의 현실적 구현은 합리적이고 논리적이어야 한다.

그러므로 인간 삶은 '관계와 협력'일 수밖에 없다. 삶의 주인공들인 관계자나 협력자는 바로 가까운 인연자들로부터다. 여성이고 어머니고 아내고 딸이고―, 남성이고 아버지고 남편이고 아들이고……. 불가분의 인연들로부터다.

그들로부터 도움을 받아야 하고 배워야 하고, 깨달아야 한다. 친화력이 동인이 된다. 이런 불가분의 인연들을 통해, 인간은 누구나 '관계와 협력'을 알게 되고 실행하게 된다. 다만 이 사실을 깨닫고 사는 능동적인 경우와 깨닫지 못하고 억지로 사는 수동적인 경우가 있을 뿐이다. 능동적인 경우에는 행복이고, 수동적인 경우에는 괴로움일 것이다. 행, 불행은 마음가짐이다.

아무리 사회나 국가에서 보장해 주는 사회적인 삶의 질이 높다 해도, 그 주인공은 인간이다. 해서 '관계와 협력'은 삶의 총체적 깨달음이자 구현이다. 삶의 공식이자 비법이라고 말할 수도 있을 것이다. 거기에 친화력이 있다.

그러나 사람들에게는 보는 눈이 있어야 하고, 듣는 귀가 있어야 한다. 어진 행이나 진심어린 충고나 밝은 조언도 눈과 귀가 없으면, '관계와 협력'의 진실에 이르지 못한다. 깨닫지 못한다는 거다.

따라서 숭고한 인간애가 필요하고, 인간애 중에 하나인 친화력이 있어야 한다. 이 친화력은 초원의 유목민처럼 열린 마음이다. 여성들의 부드럽고 따뜻한 정신력이다. 고향언덕에 피어난 진달래 같은 친숙함이다. 따라서 상대가 친화력을 깨달을 때까지 공을 들이고 정성을 들인다. 끝없는 인간성숙인 향상일로(向上一路)를 통해 친화력인 인간애는 키워지고 발휘되어서다.

섬세함

섬세함은 자세히 살피는 눈이다. 사람이나 물건의 성질을 찬찬히 살펴서 함부로 하지 않는 것, 적어도 자기 임의로나 기분대로 하지 않는 것, 무슨 일을 하거나 어떤 물건을 대하거나 두 번 세 번 살펴서 그 성질을 거슬리지 않으려는 마음 씀씀이다.

섬세함의 눈에는 하나의 일에서도, 하나의 물건에서도, 하나의 인간관계에서도 많은 것이 보이니까, 결국 눈이 밝은 것을 말한다. 마음의 눈이다. 그건 '여성의 눈'으로부터다.

여성들의 이런 특장을 남성들은 모르거나 못 미친다. 미처 체험하지 못한 정신영역이라서 지나치기 일쑤다. 물론 남성들도 여성들의 섬세함 같은 사려 깊음이 있다. 이야기 하나를 본다.

중국 춘추전국시대, 초나라 장왕 때의 재상인 손숙오가 어렸을 적 일이다. 어느 날, 밖에서 놀던 손숙오가 머리가 둘 달린 뱀인 양두사(兩頭蛇)를 보았다. 당시에는 머리가 둘 달린 뱀을 본 사람은 그날을 넘기지 못하고 죽는다는 무서운 속설이 있었다.

깜짝 놀란 손숙오는 죽기 살기로 도망을 쳤다. 한참 달리던 손숙오는 다시 그 자리로 돌아와서 뱀을 돌로 쳐죽였다. 그리곤 땅 속에 깊이 파묻어 버렸다. 어린 아들이 밖에서 놀다가 집에 돌아와 울자 어머니가 아들에게 자초지종을 말해 보라고 했다. 다 듣고 난 어머니는,

"그래, 그 뱀을 어떻게 했느냐?"라고 물었다. 어린 아들은,

"다른 사람이 양두사를 보고 또 죽을까 봐서 양두사를 죽여 땅에 파묻었습니다"라고 답했다. 아들의 말을 들은 어머니는 어린 아들의 등을 두드려 주며 칭찬해 주었다.

"그래, 정말 잘했구나. 걱정 말아라. 예로부터 덕을 쌓은 사람은 반드시 좋은 결과를 받는다고 했으니 아무 일 없을 것이다."

- 고전

섬세함이나 배려, 사려 깊음은 결국 인간의 마음작용이다. 민 가지 덕이 나오는 출처는 같다는 뜻이다. 그런데도 다르게 말하는 것은 장소나 시간과 대상이 주는 상황이 달라서이고, 거기에 맞추어 마음작용을 일으키기 때문이다. 아무튼 마음이 근본임을 알 수 있다.

사람의 마음 씀씀이가 섬세하지 못하면 행동도 섬세할 수 없어

머트롭게 된다. 해서 섬세함은 주변을 있는 그대로 꼼꼼하게 잘 살펴서 물건이나 인간관계의 원형을 훼손하지 않으려는 좋은 의도라고도 볼 수 있겠다.

판교에 살고 있는 신송심(73) 여사는 무척 섬세한 성품의 소유자다. 현재 살고 있는 판교 금토동 산동네로 이사 온 해가 1987년, 약 25년 전이었다. 그곳은 지금도 별반 달라진 게 없지만 당시에는 빈 땅이 더 많았다. 내 땅 네 땅을 떠나 집 주변의 빈 땅과 뜰, 심지어 개울에까지 신 여사가 꽃을 심고 나무를 가꾸어서 세월이 좀 지나니 그만 '판교 도원경'이 되었다. 신 여사와 자연의 합작품인 셈이다.

간혹 걸음 할 때 주변을 둘러보면 꽃과 나무, 심지어 풀이나 잔돌에도 신 여사의 섬세함이 그대로 묻어 있는 걸 발견한다. 개울에 있는 돌 하나도 제자리에 있어서, 도무지 버려지는 게 없을 뿐 아니라, 중요하지 않는 게 없다. 그런 걸 발견하는 순간, 기쁨은 말할 것도 없고 내심 혀를 내두른다.

판교 도원경에선 설핏 보면 없는 것 같고, 얼핏 보면 안 보이지만, 자세히 보면 딱 제자리에 놓여 있는 발견의 기쁨과 거기에 따른 심리적 열락과 환호의 탄성을 지르게 된다. 그런 섬세함은 집 가꿈뿐만 아니라 방문객에게도 미친다. 하등의 불편을 느끼지 못할 정도다. 과하지도 않고 소홀하지도 않다는 말이다. 섬세해서 적절하기 때문이다.

그 때마다, 양반이 되고 교양인이 되는 건 섬세한 마음에서이구나 하는 느낌을 갖곤 한다. 돌 하나도 제자리를 찾아주는 신 여사의 섬세함을 피부로 느끼면서, 우리 인류가 인간덕성의 섬세함을 개발하고 적극 활용하면 지구자원의 낭비도 막을 수 있겠구나 하는 생각을 하게 되는 건 필자만의 과대망상일까.

섬세함으로 말미암아 중요한 일일수록 여성에게 맡기면 안심이 되고, 집안에 대대로 전승되는 가풍(家風)이나 가보(家寶)도 여성에 의해 오래 유지된다. 잘 보존된다는 뜻이다. 물건도 가족과 친구도, 우리의 문화유산이나 저 자연마저도―.

우리의 자랑스런 전통문화도 그동안 여성들이 잘 보존하고 잘 계승하여 발전시켜 온 공로가 있다. 특히 음식이나 섬세한 손길을 필요로 하는 공예부문이다. 여성들은 하나하나 자신의 섬세한 눈길로 손길로 그 가치를 알아보고, 다듬어 보존한다. 이런 여성들의 탁월한 정신력을 인정하고 존중하고, 귀히 여겨 공유해야 한다. 바야흐로 그런 걸 요구하는 시대에 우린 살고 있다. 엄벙덤벙의 시대가 아니다. 밥도 못 먹는다.

사람이 사람을 이해하려면 기준이 있어야 하는데, 대체로 덕성(德性)이 갖는 덕목(德目)을 기준으로 삼는다. 그러나 그런 덕목을 일일이 불러일으켜 제때에 쓰기란 결코 만만치 않고, 하루아침에 이룰 수 있는 일도 아니다. 해서 덕성이 몸에 익어야 한다.

그러므로 어릴 때부터 훌륭한 스승이나 자애로운 부모로부터 일일이 보고 배워서 몸과 마음에 인격으로 형성되어야 한다. 비로소 부지불식중에도 자연스럽게 꺼내어 쓸 수 있다. 무엇보다 스스로의 성찰로 많은 각오와 결심, 지속적인 생각의 수련을 되풀이해야 하나의 덕목이라도 몸과 마음에 익어 인격이 되고, 실천이 가능해져 가정과 사회에 등불이 된다.

대개의 사람들은 자신에게 속아 살거나, 자신을 거의 모른 채 마냥 살거나 무턱대고 산다. 내면을 돌아보아 자신의 생각이나 언행을 섬세하게 살피지 않기 때문이다.

이처럼 자신을 모르면서 어떻게 남을 알 수 있겠는가? 자신을 알았을 때, 거기에 비추어 남을 알게 된다. 이런 점에서 누구나 먼저 자신을 살피고 나아가 주변을 살피는 노력을 지속적으로 기울여야 한다. 자아성찰은 자신이 자신에게 베푸는 사회교육이고 평생교육이다. 쉽게 말해 내공을 키움이고 도닦음이다.

이처럼 섬세함은 자신을 살피는 것으로부터 시작된다. 거기에 비추어 사람을 보고 주변을 보고 세상을 본다. 이런 자기성찰로 얻은 섬세함은 여성이 갖는 또 하나의 능력이자 매력이며 인간의 가치척도다. 공유해야 하는 까닭이다.

안정감

여성의 안정감은 유전코드 자체가 강력하다. 물론 이 안정감은 내면적인 것이다. 삶의 행복감에서 갖게 되는 고요하고 밝은 내밀한 심리상태고, 이 행복감은 여성들 자신의 존재감에서 비롯된다. 여성성의 기쁨과 보람을 무의식중에 느끼고 알고 있어서다.

여성은 여성자신을 스스로 대견해 하고 기뻐한다는 말이다. 얼굴화장을 해도, 외출복을 꺼내 입어도, 집안에 청소를 하거나 가구를 배치해도, 우러나는 기쁨을 느낀다는 거다. 매사를 억지로 마지못해 하지 않는다는 말이다. 대표적으로 여성들이 얼굴화장 할 때다. 만약 이 말에 의심을 갖는다면, 여성들이 하는 일을 가만히 관찰해 보면 금방 이해하게 될 것이다. 표정은 진지하고 손놀림은 일사불란하고 정교하다. 그런 태도에서 잡념이 없는 여성의 순수한 삶의 희열을 본다. 필자는 지하철에서 화장하는 여성들을 본다. 체면불구하고 바라본다. 잡념없는 동작을 보는 즐거움 때문이다.

이처럼 여성들의 안정감은 바로 자신들의 존재감에 뿌리를 두고 있다. 이는 현실에서 자신의 능력이나 역할이 활용되어 자리매김 되었을 때 발휘되는 힘이다. 그러므로 안정감은 여성들의 자아실현의 토대이고 사사건건 성취하는 기쁨의 정신바탕이다.

이런 가정의 아내는 즐거워하고 어머니는 기뻐하며 딸은 초록이다. 여성의 정체성은 한층 빛나고 역할은 효과적이고 헌신적이다. 여성자신에 대한 존재감의 최고조가 행복의 의자인 안정감이다.

여성문제연구회 회장을 10년이나 역임한 윤용숙(78세) 여사는 매사를 서두르지도 않지만 미루지도 않아 적절하다. 차분한 안정감의 소유자다. 그런 윤 여사가 회장을 맡았던 여성문제연구회는 이희호 여사를 비롯한 여성운동의 선구자들이 몸담았던 곳이고, 한국의 여성문제에 대한 심각성을 일찍이 제기했던 여성운동의 본산 같은 곳이다.

윤 여사는 여성문제를 인간평등의 신앙에서 깨달았다고 한다. 그런 신념을 갖게 된 윤 여사는 가정의 주부역할을 수행하며, 사회운동인 그 일에 뛰어들어 회원으로, 회장으로 줄곧 활동했다. 특히 윤 여사는 1974년 불이회(不二會)를 창립하여, 지금껏 성실하고 유능한 학자들을 찾아내서 격려하고, 헌신적으로 사회 활동하는 사람들을 발굴하여 용기를 북돋아 주는 일을 묵묵히 해내고 있다.

이런 일을 한결같이 할 수 있다는 건 윤 여사 자신의 안정감에서일거다. 언제 보아도 차분하여 상대에게 편함을 느끼게 하는 힘을 윤 여사는 갖고 있다. 설령 상대가 허둥지둥하다가도 윤 여사를 만나면 어느덧 차분해지는 느낌을 받는다고 할 정도다. 마치 오랜 기간 욕심없이 수행한 고승 같은 분위기를 사람들에게 준다.

사람의 안정감은 모든 일을 성공적으로 수행할 수 있는 책임과 믿음의 토대라고 생각해 본다. 이런 안정감을 바탕으로 존재감의 확대와 팽창은 여성이 더 극적이다. 이 흔들림 없는 안정감에서 인간에 대한 자애나 사회정의의 순수한 충성심이 솟아난다. 한 번 입지가 서면 변절이 없을 정도다.

만약 허둥지둥하여 좌불안석으로 흔들리면 충성심은커녕 종잡을 수 없는 번뇌망상의 뜬구름만 오락가락 하여, 되는 일도 없을 뿐 아니라 되레 남들에게 폐만 끼치거나 세상을 시끄럽게 한다. 끝내 사회로부터 추방되거나 역사의 오점이 될 것이다.

따라서 가정에서 부부가 서로 상대를 안정시키는 일. 매우 중요한 역할이고 책무이며 도리일 것이다. 부부 행복의 관건인 '관계와 협력'을 통한 부부의 삶도, 이 안정감에서 한층 힘을 받을 것이다. 특히 남편이 아내로 하여금 안정감을 갖게 하는 신뢰의 확립은 가정적으로 매우 중요한 역할이라고 본다.

'두루미·연어'들이 머나먼 경로를 이동하는, 그들의 환경과 능력에 대해 소개한 글을 인용한다. 노마드 청춘들과 젊은 부부들에게 지구상에 공존하고 있는 우리 이웃들의 생명신비를 통해 인간 존재로서 안정감을 일깨워주기 위해서다.

두루미를 배웅하러 철원 들녘에 나와 섰습니다. 철원의 2월은 두루미가 고향으로 돌아갈 시간입니다. 일본으로 내려갔던 두루미들도 모두 올라와 귀향의 시간을 기다리고 있습니다. 그들이 돌아갈 고향은 사선(死線) 너머 머나먼 곳에 있습니다.

두루미들은 5천 미터 허공에서 무려 3천 킬로미터를 이동합니다. 지상에서는 보이지 않는 까마득한 높이입니다. 산소가 희박해서 양쪽 폐에 다섯 개의 공기주머니를 따로 달고 갑니다. 비행기가 휘청거릴 정도의 심한 기압차를 견디기 위해 몸속의 모든 근육을 고삐처럼 단단히 조여야 합니다.

또한 그곳은 영하 50도를 오르내리는 차디찬 허공, 한순간도 날갯짓을 멈추면 그대로 얼어서 먼지처럼 떨어져 죽고 맙니다. 두루미의 귀향은 그대로가 목숨을 건 여행입니다. 우리도 그렇게 목숨을 걸고 전생에서 이생으로 날아온 것은 아닐는지요.

- 김재일, 『다시 섬진강 대숲에서』

안정감은 번뇌망상이 없는 집중된 정신상태다. 두루미나 연어의 안정감은 오로지 목적지를 향하는 집중일 것이다. 이런 안정감은 인간뿐 아니라 모든 생명이 살아가는 삶의 밑바탕이 되고 있음을 강조하고 싶다. 그건 한 번에 한 가지 일만 하는 것이다. 여러 일을 동시에 하지 않는다. 생각이 복잡해져 몸과 마음이 불안정해져서다. 안정감은 지구생명들의 존재감 표현의 공통특성이다.

그런 안정감의 바탕에서 살아가는 지구가족의 생명신비와 생명존엄을 좀 더 구체적으로 살펴본다. 물론 인간을 위해서고 더 직접적으로는 나를 위해서다. 그리고 한꺼번에 여러 일을, 여러 생각을 일삼는 인간을 설득하기 위해서다. 매체에 소개된 글을 인용한다.

철원 민통선과 한강 하구에서 겨울 철새인 재두루미가 관찰되고 있다. 북녘 시베리아에서 3천 킬로미터가 넘는 먼 길을 날아온 진객(珍客)이다. 동해안 하천에는 연어도 돌아오고 있다. 3~4년 동안 태평양 바닷속 수만 킬로미터를 헤엄쳐 다니다 태어난 곳을 찾아온 것이다. 생존과 번식을 위해 엄청난 거리를 이동하는 동물들이 길을 잃지 않고 목적지를 찾을 수 있는 이유는 뭘까. 태양고도의 변화, 후각 등을 이용하기도 하지만 지구 자기장(磁氣場 · magnetic field)이라는 보이지 않는 힘의 도움을 받는다는 게 정설로 통한다.
'3천 킬로미터 나는 철새에겐 〈내비게이션〉이 있다'의 제하에 '눈은 나침반, 부리는 지도… 먼 길 헤매지 않는 이유'라는 부연을 달고 있다.

지구 자기장은 지구 전체를 감싸는 자석의 힘을 말한다. 지구가 거대한 '막대자석'처럼 기능하기 때문에 이러한 힘이 발생한다. 대체로 남극 부근에는 N극이, 북극 부근에 S극이 위치하고 있다. 손에 든 나침반의 N극이 북극(진북)이 아니라 자북(磁北)을 가리키는 것도 이 때문이다.

강원대 지구물리학과 박용희 교수는 "지구 내부의 외핵에는 금속성분이 액체 상태로 녹아있는데, 지구 자전으로 외핵이 회전할 때 철 성분이 따로 움직이면서 새로운 전류가 생기고 이것이 자기장을 형성하는 것"이라고 설명했다.

막대자석처럼 지구 자력선의 방향도 남쪽의 N극에서 시작돼 북쪽의 S극으로 이어진다. 특히 자기의 방향은 위도에 따라 달라진다. 남극 부근에서는 위를 향하고, 적도 부근에서는 수평을 유지하고, 북극 부근에서는 아래를 향한다. 이러한 각도 차이를 복각(伏角 · magnetic inclination)이라 한다.

지구상의 위치에 따라 자기장 세기도 다르다. 결국 야생동물이 지구 자기장을 이용한다는 것은 복각과 자기장의 세기를 감지해 자신의 위치를 파악하고, 이를 바탕으로 방향을 잡는다는 것을 의미한다. 특히 장거리를 이동하는 새들은 눈과 연결된 '나침반'과 부리와 이어진 '지도'를 뇌 속에 가지고 있는 것으로 과학자들은 파악하고 있다.

철새들이 시각을 지구 자기장을 확인하는 나침반으로 활용하는 것은 망막의 신경세포에서 발견되는 '크립토크롬(cryptochrome)'이란 광(光)감지 단백질과 관련돼 있다. 크립토크롬은 빛의 변화, 또는 자기장의 변화에 따라 전자의 이동이 일어나고, 그에 따라 두 가지 상태의 비율이 달라지면 이것이 뇌에 신호로 전달된다.

실제로 2007년 독일 올덴부르크대학 연구팀은 망막 신경세포와 뇌

앞부분(클러스터 N)이 서로 연결돼 있고, 뇌 앞부분이 손상된 철새는 자기장을 감지하지 못한다는 사실도 확인했다. 유전자에는 특정한 자기장의 방향을 따라 이동하도록 입력이 돼 있고, 새들이 눈으로 지구 자기장의 방향을 읽으며 그에 맞춰 날아가는 셈이다.

새들의 '지도'는 위쪽 부리에 있는 자철석과 관련이 있는 것으로 과학자들은 추정하고 있다. 독일입자가속기연구소(DESY)의 연구팀은 지난해 ×선 형광법으로 분석한 결과, 비둘기 윗부리의 500여 개의 수상돌기(樹狀突起·신경세포에서 뻗어나온 나뭇가지 모양의 돌기)에는 자성을 띠는 자철석이 붙어있다는 사실을 확인했다. 각각의 수상돌기와 자철석은 정해진 한 가지 방향의 자기장만을 감지해 신호를 증폭한 뒤 뇌로 전달하고, 머릿속에서는 개별 신호를 지도로 재구성하는 것으로 추정된다. '녹음테이프'처럼 지나온 길의 자기장 지도를 기억했다가 다음에 같은 길을 지나갈 때에는 자기장 지도와 대조하면서 이동한다는 것이다.

이는 결국 철새들이 '나침반'은 날 때부터 갖고 있지만 지도는 경험이 쌓여야 이용할 수 있다는 것을 의미한다. 이 역시 2007년 프린스턴대 연구팀과 2008년 러시아 동물학연구소 팀이 겨울 철새를 수천 킬로미터 동쪽으로 옮겨 풀어준 실험에서 확인됐다. 처음 비행하는 어린 새는 남쪽으로만 이동해 엉뚱한 곳에서 겨울을 났지만, 이동 경험이 있는 나이 든 철새는 방향을 서남쪽으로 수정해 원래의 월동지로 이동했다.

– 2011. 11. 2. 『중앙일보』 수요지식과학8

하늘을 나는 새들뿐 아니라 바닷속에 있는 연어에 대한 이야기도 보기로 한다. '연어, 지구자기장을 나침반 삼아 태어난 고향 찾는다'는 제하의 글이다. '美연구진 자기장 가설 입증'이라는 부연을 달고 있다.

연어는 바다와 강물을 거슬러 올라 자신이 태어난 고향을 찾아오는 것으로 유명하다. 도대체 먼 바다에서 자신이 떠나온 곳을 어떻게 찾아오는 것일까. 과학자들은 연어가 고향의 강물이 흘러드는 곳의 지구자기장을 기억했다가 이를 따라온다고 추측해 왔다. 미국 오리건 대 연구진은 캐나다 밴쿠버 해안의 절묘한 지형에 착안, 이 같은 지구자기장 가설을 입증했다.

연구진은 캐나다 브리티시컬럼비아주(州)에 있는 프레이저 강이 태평양으로 흘러드는 지역을 주목했다. 강의 상류에서 태어난 붉은 연어가 알래스카만(灣)을 오가는 길목이다. 이곳은 거대한 밴쿠버 섬이 강 하구를 남북 방향으로 가로막고 있다. 이곳을 들고 나는 연어들은 반드시 섬의 위쪽이나 아래쪽으로 우회해서 가야한다. 고속도로(태평양)에서 고향 가는 국도(프레이저 강)로 접어드는 곳에 두 개의 톨게이트가 버티고 있는 셈이다.

연어들이 지구자기장을 따라 움직이는 게 맞는다면, 연어들의 동선도 조금씩 달라질 것이라고 연구진은 생각했다. 지구 핵의 운동에 따라 자기장도 긴 시간에 걸쳐 조금씩 변하기 때문이다.

연구진은 우선 1953년부터 2008년까지 이 지역의 지구자기장 분포를 살폈다. 1970년대 말까지는 밴쿠버 섬의 남단으로 돌아가는 바닷길과 강하구의 지구자기장 분포가 거의 일치했다. 시간이 지나면서 이 자기장 분포는 섬의 북쪽을 돌아가는 바닷길과 점점 비슷해졌다. 같은 기간 이 지역의 어업 통계를 찾아 비교하자 연어들의 행로가 분명해졌다. 1970년까지는 수온 등 다른 조건이 모두 같은 경우, 연어가 거의 섬의 남쪽에서 잡혔다. 1970년대 말부터는 섬의 북쪽에서 잡히는 빈도가 점점 늘어났다.

나탄 푸트남 박사는 "지구자기장의 변화에 따라 연어의 동선도 달라진 것"이라고 말했다. 연구 결과는 '커런트 바이올로지' 7일자에 게재됐다.

- 2013. 2. 8. 『조선일보』 B3

돌아갈 시간을 알고 있는 철새들, 먼 바다를 헤엄쳐 돌아오는 연어들-, 우리 지구가족들이 가진, 이 얼마나 놀라운 생명신비인가, 생명존엄인가?

생각을 가진 인간, 그 정점에 서 있는 노마드 청춘들, 열렬한 삶의 현장에 함께 서 있는 부부동지들이, 기꺼이 이 생명신비를 알아야 한다. 거기서 혼란없는 안정감을 보고 배워야 하기 때문이고, 모든 생명을 소중하게 대하고 살아야 해서다. 두루미·연어가 가진 신비한 생명력을 알아야, 자신의 신비를 알게 되고, 자신을 알아야, 우주를 담고도 남는 자신의 마음을 알게 된다.

마음-, 밝음과 안정이 본래 모습이다. 마음은 본래로 안정과 밝음이 본성(本性)이고, 본상(本相)이라는 거다. 마음에 안정감이 없으면 밝지 않고, 밝지 않으면 알 수 없다. 지성이 빛을 잃는다.

사람 마음, 그 마음인 안정감과 밝음은 둘이 아닌 불이(不二)다. 그렇다고 '하나'라고 말하면 안 된다. 엄연히 다르기 때문이다. 성현의 가르침에 안심입명(安心立命)이라는 말이 있다. 모든 의혹과 번뇌를 벗어나 마음이 지극히 안정되고 밝은 상태, 불안을 의미하는 어둠이나 동요, 미세한 움직임마저 없는 평화스런 정신세계를 뜻한다.

이런 고차원의 정신단계에서는 어떤 불화나 대립도 있을 수 없다. 우주의 섭리인 천명(天命)의 질서마저도 자기마음으로 끌어들인다. 인간의 그 마음은 천명(天命)을 안아 들이고, 나고 죽음, 유무와 미추, 시비와 선악 등의 첨예한 대립각을 초월한다. 곧 안심입명이다. 이런 안심입명의 고요하고 밝은 차원 높은 정신세계인 안정감을 여성은 선험적으로 지니고 있다.

심리학자들은 사람들의 안정된 심리는, 상대에게 웃음과 친절을 제공한다고 말한다. 그건 미리 계산을 한 행위가 아닌 타고난 마음상태고 그 표현이라는 거다. 특히 여성들에게 많이 느낀다고 한다. 보물이 제값을 하려면 그 가치를 알아보는 사람이 있어야 하듯이, 여성성을 알아보는 남성이 있을 때나, 여성자신이 진정한 자신의 가치를 알고 있을 때, 여성성은 한층 빛난다는 사실을 우린 알아야 할 것이다. 비로소 공유도 가능하고.

신앙심

고요히 앉아 자신을 살펴보노라면 뜻밖에도 수많은 관계를 보게 된다. 그것이 또 다른 자신임을 아는 순간이다. 나아가 은혜를 알게 되고 보은을 다짐한다. 순수한 협력, 봉사·헌신이다.

이런 '봉사·헌신'의 본적지가 인간의 신앙심이라고 한다. 먼저, '이태석상 받은 간호사, 아프리카의 태양열 전도사, 사연만 들어도 마음 벅찬 한국인'이라는 제하의 기사를 보자.

"막막했다. 100년이 지나도 이 사람들의 삶이 뭐가 달라질 수 있을까 의구심이 들었다. 그래도 다짐했다. 한 사람만이라도 내 도움이 필요하다면, 오늘 하루 내가 산 이유와 가치는 충분하지 않겠냐고."

아프리카에서 20여 년간 의료봉사를 해온 백영심(50) 간호사가 27일

외교통상부가 주는 제2회 '이태석상'을 수상한 뒤 한 말이다. 우리 사회 어떤 고위 관료, 정치인, 나아가 대선 후보들의 입에서도 이 정도의 진심과 체험과 무게가 담긴 말은 들어보기 어려울 것 같다. 백 간호사는 고려대부속병원 간호사로 일하던 1990년 케냐로 의료선교를 떠났다. 봉사 4년째에 환경이 더 열악한 최빈국 말라위로 옮겼다. 오랜 세월 노력 끝에 초등학교 · 병원 · 간호대학을 세우는 기적을 일구었다. 그 자신은 지금 갑상선암을 앓고 있다.

- 2012. 11. 30. 『중앙일보』 오피니언 39

여기에 소개된 백 간호사는 직업인이기 전에 신앙인이고, 그의 삶을 통해 신앙심이 그대로 내보인다. 자신의 안위마저 돌아보지 않는, 이 신앙심을 인정하고 개발하고 북돋우는 장소가 주로 성당이나 교회, 절 등이다.

그런 종교집회소의 공통점은 여성의 숫자가 압도적으로 많다는 점이다. 왕왕 종교가 여성의 전유물로, 여성들만을 위한 가르침이라고 여겨질 정도다. 그만큼 종교에 대한 여성들의 '봉사 · 헌신'의 신앙심이 깊고 간절해서일 거다.

인간의 신앙심은 종교의 진리를 사랑하고 존경하여, 그 진리가 자신과 둘이 아닌[不二] 심리상태다. 그 실천적인 '봉사 · 헌신'을 행하는 주인공의 삶은 신앙생활이다. 인간은 이 신앙심을 통해 '봉사 · 헌신'의 강력한 내적인 결심이 서고, 바야흐로 실천에 이른다. 이렇게 말은 나눠했지만 실지로 사람의 생각과 언행은 나눠지지 않아 시간과 공간을 초월하는 특징을 가지고 있다.

신앙심과 신앙생활은 자신과 진리와 둘이 아닌 경지, 곧 '지혜 · 자비'의 삶, 그대로 최고의 힐링이다. 이 신앙심은 세간의 일체선행(一切善行)을 통섭하고, 신앙행은 '봉사 · 헌신'으로 다함없는 무진만행(無盡萬行)을 목숨이 다할 때까지 펼쳐 나간다. 위의 백영심 간호사처럼 - .

여성들의 신앙은 풍부하고도 장애가 없다. 거기서 양질의 봉사와 다함없는 헌신이 솟아나온다. 여성에게 지극한 사랑의 끝은 이별이 아닌 존경이다. 그 단계의 마음상태에 도달하면, 따로 뭘 구하거나 더 원하는 욕심이 없어진다. 뜻의 '청정 · 광명', 행의 '봉사 · 헌신'일 뿐이다.

위의 백영심 간호사처럼 이름난 여성뿐 아니라, 전혀 드러나지 않는 여성들도, 그 마음자리는 매 한 가지다. 필자 주변의 배명기(68세) 여사는 어떤 까닭으로 마흔에 절에 와서 지금껏 절에서 산다. 그는 진리에 대한 정열도 있고, 머리도 총명하고, 배움도 깊고, 관찰력도 진지하다.

아침 · 저녁으로 교조께 올리는 문안인사인 예불에 빠지는 법도 없고, 봄부터 가을까지 비닐하우스에서 살다시피 채소를 가꾸어, 대중의 밥상 위에 올린다. 그렇다고 돈을 받거나 대가를 원하지도 않는다. 마치 그 일을 하기 위해 태어난 사람 같다. 덕분에 절에서는 거의 사 먹는 것이 없을 정도로 제철의 푸성귀가 식탁에 푸짐하게 오른다.

그는 절에서 살지만 출가자가 아닌 머리를 기른 재가자 입장이다. 그러면서도 외출 한 번 하지 않는다. 딱히 갈 곳이 없어서도 아니다. 일가친지들이 원근각처에서 살고 있고, 배 여사를 보기 위해 발걸음을 한다.

그런 배 여사는 대중에게 언제나 겸손하고, 사람을 대함에 먼저 웃음으로 맞이한다. 누구에게나 허리 숙여 인사하고, 다정하게 말을 건넨다. 일이 있으면 소리 없이 앞장서고, 허드레 일일수록 자신의 몫인 양 전담한다. 때로는 혹여 대중이 알새라 감쪽같이 처리하곤 한다. 그렇게 사느라고 그는 아플 겨를조차도 없다. 세상에서 가장 잘 사는 인생은 지고 사는 삶이고 손해보고 사는 삶이라는 걸 그는 몸으로 보여 주는 것 같다. 사실, 크게 보면 지는 것이 이기는 것이고 손해보는 것이 이익으로 돌아온다는 말이다. 배 여사의 신앙관이고 생활방식이기도 하다.

이런 그의 존재는 자세히 보면 있고, 설핏 보면 보이지 않을 정도다. 마치 자기를 감추고 사는 성자의 모습이라고나 할까. 그런 그의 삶을 바라보면서 종교의 힘, 성인의 가르침을 다시 생각하지만, 부닥치는 일상에서는 배 여사의 신앙심을 먼저 보게 된다. 배 여사의 수십 년을 하루처럼 사는 그 대단한 끈기의 힘인 내공은 역시 신앙심이라고 밖에는 달리 볼 수가 없을 것 같다.

남성과 여성이 나란히 종교적인 진리를 듣고 배운다면, 이해는 남성이 다소 빨라도, 실천에 이르는 인격화(人格化)는 여성이 사뭇 빠르다고 한다. 남성은 더디거나 사람에 따라서는 끝내 인격화에 도달하지 못하기도 한다. 여성이 빠른 것은 솔직하고 세밀하기 때문이고, 무엇보다 가르침을 향한 믿음의 힘, 신앙심이 깊고 크고 간절해서 일거라고 본다.

무상(無常)이 신속(迅速)하여 나고 죽음이 풀끝에 이슬 같네.
해가 지네, 해가 지네, 해가 다 지네. 일모청산(日暮靑山)에 해가 다 지네.
오늘내일 그럭저럭 다 보내고, 이달 저 달 엄벙덤벙 다 보내고, 이해 저해 속히속히 지나가니, 백 년 삼만육천오백일이 번개같이 빠르게 지나가네.

옛날 사람 공부할 때, 짧은 시간 아꼈거늘 나는 어찌 이다지도 게으른가?
옛날 사람 공부할 때, 잠 오는 것 성화하여 송곳으로 찔렀거늘 나는 어찌 이다지도 게으른가?
옛날 사람 공부할 때, 하루해가 넘어가면 다리 뻗고 울었거늘 나는 어찌 이다지도 게으른가?

- 고전

위의 글처럼, 신앙심도 결국 자신의 일, 내면의 관찰로부터 형성되고 커간다. 삶의 한계성이 주는 허무한 상실감에서 되레 더 크게 발심하고 성장한다. 그 극복의 인간 내면의 힘이 신앙심이고, 신앙심의 지향처가 진리이다.

여성은 '사실이 이렇다'라고 스스로 판단하면 두 말 없이 뛰어든다. 그걸 단순하다고 말할지 모르겠지만, 자기신념에 따른 자기행동, 곧 실천력이 그만큼 빠르고 확실하다. 믿음에 대한 자신의 몸과 마음이 그만큼 가깝다는 뜻이다. 이는 진리에 대해 두 마음을 갖지 않는 불이충성(不二忠誠)이고, 자신의 이익을 계산하지 않는 순수용기며, 여성성이 갖는 헌신정열이다.

그렇지 못한 경우에는 거개가 망설이고 주저한다. 진리덕성을 접해도, 뻔히 좋은 줄 알면서도 성큼 다가가지 못한다. 다시 말해 사랑과 존경이 자신의 가슴에 가득 차지 않았기에 그렇고, 그런 정신단계에 도달하지 못해서 그러하며, 진리덕성에 대한 의심이 남아 있어서 그렇고, 가슴에 아상(我相)의 자기가 가득해서 그렇다. 전적으로 자신의 문제 때문이다.

사실 종교는 역사적으로 여성들을 무시하거나 핍박한 적도 많고, 아직도 차등과 제한을 둔 경우를 그대로 본다. 종교는 역사이래 가장 먼저 여성에게 제도적인 가해자인 셈이다. 그런데도 여성들은 종교에 대해서만은 쓸개도 없는 사람처럼 열렬하게 좋아하고 마냥 따른다. 남편이나 아들 저리가라다. 그 예로 유수한 종교 집회소에 여성을 빼면 과연 몇 명이나 남을까, 거대 종교가 지금까지 유지되기나 했을까?

　그런데 혹자들은 여성들이 심약해서란다. 어처구니없는 말이고 황당한 망발이다. 다만 그런 말을 들을 정도로 여성들은 종교, 곧 종교진리에 대해 좋아하고 '봉사·헌신'으로 몸 바친다. 그건 종교적 진리와 여성성이 매우 닮아있기 때문이다.

　종교를 대하는 신앙심도 결국 마음이기 때문에 마음을 알면 이해가 쉽다. 마음, 크기로는 우주가 들어가고도 남으며, 작기로는 극미진의 소립자에 들어가고도 남고, 그 권능과 위신력은 능소능대(能小能大)·살활자재(殺活自在)한 무진작용이다.

　해서 종교에서 여성이 발휘하는 덕성의 힘은 자못 크다. 정신적 물질적인 면을 통틀어서다. 여성성이 진리와 매우 닮아 있고, 진리가 여성성으로 표현되어서다. 둘이 서로 닮아 있고, 교차점의 공유지가 그만큼 넓어서이기 때문이라는 걸 거듭 말한다.

　여성성엔 진리에 대한 사랑과 존경, 순수와 청정, 실천과 용기를 갖추고 있다. 그런 열혈한 에너지가 어디서 샘솟듯 나오는지, 마치 활화산 같이 뿜어진다. 신앙심이라고 밖에는 달리 설명 못한다. 이 점을 여성은 타고났다.

　어쩌면 남성이 따라 갈 수 없는 배워도 쉽게 얻어지지 않는 것이 있다면 또 하나의 유전코드인 여성들의 이 신앙심이리라. 과연 안다고 배운다고 공유가 가능할까? 어느 세월에! 타고 난다는 뜻을 다시 생각해 보게 한다.

여성성인 신앙심의 힘은 크고 놀랍다. 일상적인 삶에서 자식을 키우거나, 자신이 좋아하는 일을 하는 것도, 또 다른 여성의 신앙심일지도 모를 일이고 어쩌면 매사에 신앙심을 발휘하여 살 것이다. 결국 신앙심은 마음을 크게 계발하는 일이고 그것으로 인생을 살아가는 사람들이다.

무외심

무외심은 글자 그대로 두려움이 없는 마음, 진실을 토대로 했기에 무엇에도 거리낌 없이 당당한 마음상태다. 말하자면, '일체무외인 일도출생사(一切無畏人 一道出生死)'다. 즉, '일체 두려움[걸림] 없는 사람은 한 길로 나고 죽음의 생사에서 벗어난다'이다. 원효스님의 이 말씀은 두려움 없는 마음을 가장 잘 드러내고 있다. 사람들이 자신의 마음을 수련하여 도달하거나 얻게 되는 최상의 경지, 지극히 편안하고 안온한 상태의 마음경지를 말한다.

그런데 이런 최상의 마음바탕이 누구에게나 갖추어 있지만 사람에 따라 다르고 남성보다 여성이 더 개발했다는 거다. 여성의 내면을 좀 더 들어가 보면, 생존의 법칙과 긴밀하게 맞닿아 있음을 본다. 흔히 여성에게는 목숨이 둘 있다고 한다. 하나는 자식의 것이고, 하나는 자신의 것이다. 둘에는 차이가 없지만 위기의 순간에는 둘이 아닌[不二] 일로 되고 만다. 자녀를 키우고 보호해야 하는 여성은, 어떤 상황에서도 자녀보호가 우선이고 본능이다.

생명본능이란 점에서는, 사자 같은 짐승들을 보면 쉽게 이해할 수 있을 것이다. 짐승들은 비록 말을 하지 못하고, 생각을 인간처럼 깊이 하지 못한다 해도 헌신적으로 새끼들을 돌본다. 깜짝 놀라 숭고함을 느낄 정도다.

여성의 두려움 없는 무외심은, 지극히 정직하고 당당하여 안팎으로 두 마음을 갖지 않는다. 그래서 자신이 해야 할 도리가 다가오면 촌각도 머뭇거리지 않는다. 자신을 던져야 할 상황 앞에서 자신의 목숨에 대한 두려움의 번뇌가 없어서 망설이지 않는다는 거다. 따라서 이 무외심은 언제나 마음에 구김이 없고 어둠이 없고 활짝 열려있다. 두 가지 예를 들어보겠다.

몽골의 징기스칸과 그 어머니 이야기다. 징기스칸이 친동생 카사르를 반역죄로 처단하려고 할 때, 둘째 아들의 목숨이 경각에 달렸다는 소식을 전해들은 어머니가 큰아들 징기스칸의 군막으로 달려갔다. 징기스칸의 말 한 마디라면 불속이라도 마다하지 않을 충직한 부하들이 기치창검을 번쩍이며 도열해 있는 속으로, 어머니 호에룬은 조금도 위축되지 않고 태연히 아들 징기스칸 앞에 섰다. 호에룬은 징기스칸을 향해 윗옷을 확- 벗어제쳐 자신의 두 가슴을 손으로 받치며, 호통쳤다.

"너, 테무친! 너나 네 동생이 어미의 이 젖으로 자랐다. 내가 번연히 눈뜨고 살아있는데, 이 무슨 짐승보다도 못한 짓이냐?"

서슬 푸른 창검을 제압하는 어머니의 더 서슬 푸른 호령, 그 호령 앞에 징키스칸마저도 권위와 기세를 내려놓고 만다. 영웅 위에 어머니가 있다.

당시의 시대상은 사람 목숨이 파리 목숨과도 별반 다르지 않을 때였다. 무엇보다 권력 앞에서는 누구도 예외가 없던 잔인한 무단시대였고 집단이었다. 이런 상황에서 어머니가 아닌 아버지였다면 과연 둘째 아들을 사지에서 구해낼 수 있었을까?

어머니는 말 그대로 '어미'였기 때문에, 목숨을 걸고 자식을 낳았기 때문에, 자식 앞에서 저처럼 당당할 수 있는 것이 아닐까. 어미로서 두려움 없이 자식보호를 했기에, 두려움 없이 저렇게 당당할 수 있는 것이 아닐까.

사람이 사람의 도리를 다하면 두려움이 없어진다고 하는데, 바로 그 첫 번째가 자식을 낳아 길러준 어머니가 아닐까 생각해 본다. 두 번째 이야기다.

중국에서는 춘추시대의 서시(西施), 서한시대의 왕소군(王昭君), 삼국시대의 초선(貂蟬), 당의 양귀비(楊貴妃)를 4대 미인으로 꼽는다. 이

가운데 왕소군은 원제(元帝) 때의 궁녀였다. 흉노(匈奴)와의 화친정책을 위해, 미인을 흉노의 왕에게 시집을 보내야 했는데, 뽑힌 여인이 왕소군이었다.

조국을 떠나 황량한 이역만리, 흉노의 왕 호한야선우(呼韓邪单于)에게 강제로 시집가는 가련한 여인 왕소군, 그의 심정은 어떠했을까? 그는 황량한 사막 북쪽으로 끌려가며, 수도 없이 고향을 뒤돌아보면서 눈물을 흘렸다. 가슴에 비파를 안고 말 위에 올라 이별곡을 연주했다. 지금도 그 이야기를 듣는 이의 가슴이 찡하다. 나라의 화평을 위하여 그는 강제로 흉노왕의 아내가 되었고, 거기서 자녀를 낳고 살다가 수명을 다 마쳤다. 후일, 그의 이런 비극적인 삶은 시인들의 단골 시제(詩題)가 되기도 했고, 그림과 공연의 소재로도 애용되었다.

가련한 여인 왕소군, 황량한 사막을 눈물로 적신 여인 왕소군−, 과연 그의 삶이 온전히 비극적인 것이었을까? 죽어서 무덤에 풀도 나지 않을 정도로 흉노의 삶이 한스럽고 절망적인 것이었을까?

이런 얘기는 여성을 모르고 하는 남성들의 넌센스 아닐까? 남성들이 꾸며낸 치기어린 로망 아닐까? 상황에 처하면 소리 없이 거기 적응하며 사는 게 두려움 없는 여성의 심리상태인데도.

왕소군. 그네는 기왕 가야 할 길이라면, 그 길이 자신의 운명이라면, 그네는 흐르는 눈물을 멈춘 뒤 자신의 처지를 담담하게 받아들였을 것이다. 마음이 진정되고는 최선을 다해 농경과 유목의 문화적인 차이를 극복하며 살았을 것이다. 이것이 곧 여성의 현실적인 처신이고, 두려움 없는 마음의 처세술인 환경의 적응이고 순응이다. 여성을 약하다고 하면 안되는 이유다.

이런 일은 역사적으로 징키스칸의 어머니나 왕소군뿐만 아니다. 이미 여성의 유전인자에 두려움 없는 생존본능의 힘이 있고, 필요의 때에 맞춰 발동하는 것이다.

무외심, 두려움 없음은 어떤 환경에도 적응하는 힘이고, 적응을 위한 당당한 자기설득이고 섬섬한 여성의 우아한 면모다. 여성에게 두려움 없음은, 환경에 대한 적응력과 비례하고, 나아가 환경을 이끌고 환경을 창조해 나간다. 생존본능이 무서울 정도다.

인내심

　'조강지처(糟糠之妻)'란 말이 있다. 여성들은 아무리 열악한 조건에서도, 자신을 알아주는 사람이 있고, 함께 할 사람이 있다면 참고 견딘다. 비록 멀리 떨어져 있어도 알아주기만 하면 되고, 남들이 손가락질하는 못난 사람이라도 자신이 마음을 주고 믿으면, 평생을 두 마음 갖지 않고 끝까지 산다. 이처럼 여성들에게는 끝까지 참고 자리를 먼저 뜨지 않는, 웅숭깊고 아름답고, 의리 깊은 인내심이 있다. 섬섬한 그 몸에 그런 굳센 정신이 간직되어 있다.

　흔히 '여성들은 사랑만 있으면 자갈밭에서도 살 수 있다'고들 말한다. 남성들에겐 이런 말을 하지 않는다. 이 말은 여성들의 타고난 순수성, 가치에 대한 뜨거운 자기 믿음, 인내심을 바탕으로 하는 현실의 적응력을 일컫는다.

이 인내심이 때로는 무서운 집착으로 보이기도 하지만, 사실은 자기결정에 대한 부단한 자기설득에 따르는 변함없는 실천의 힘이고 순간순간 이루어가는 자아확립이다.

여성들은 이런 인내심으로 인하여 한 번 목표가 정해지면, 그 목표지점에 도달할 때까지 도무지 변함이 없다. 부드러워 허약한 듯 보이는 여성의 정신인 인내심은, 딱딱해 강한 듯 보이는 남성의 참는 힘을 훨씬 능가하고 있음이다.

만약 지금까지 사회적인 약자의 처지에 놓인 여성들에게, 이 참는 힘이 없었다면 더 가혹한 대접을 받았을지도 모를 일이고 더 힘든 삶을 살았을지도 모를 일이다.

여성의 인내심은 마치 씨앗을 뿌려놓고 결실을 기다리는 농부와도 같다. 자연스러워 순경(順境)과 역경(逆境)에 도무지 흔들림이 없다. 눈이 오고 비바람이 몰아쳐도 딴 세상일인 양 오불관언(吾不關焉)으로 태연자약하다. 저 섬섬한 몸 어디에서 세차게 뿜어져 나오는 정신력인지?

삶의 수많은 곡절과 굴곡에도 휘둘리지 않고, 안정된 삶을 지탱해 살아갈 수 있는 밑바탕은 남녀불문 이 인내심이다. 특히 여성들은 아무리 힘들어도 열 달을 참고 기다리지 않으면 안 돼는 자신의 깊은 체험에서 형성된 특성이 이 인내심이다. 남성과 여성은 이렇게 천부적으로 다르다.

필자의 조모는 스물일곱의 나이에 홀몸이 되었다. 조부께서 일

본 해군에 징집되었다가 태평양의 미드웨이 해전에서 전사하였기 때문이다. 그 조모는 홀로된 시어머니를 모시고 아들 둘을 키우면서, 바깥 일 집안 일 가리지 않고 몸을 도구로 쓰면서 살았다.

스물일곱의 젊디젊은 여인은 집안의 온갖 일을 해야 하는 가장 아닌 가장이었고 대들보나 버팀목의 상머슴 노릇을 해야 했다. 거기다 시어머니의 혹독한 시집살이는 매일 죽기 살기를 각오해야 하는 전쟁터를 방불했다. 남편은 총을 들고 남의 전쟁터로, 아내는 하루하루의 생존의 전쟁터에서.

옛날, 산간벽지의 시골에서는 동네 가운데 있는 우물을 의지하여 여러 집들이 옹기종기 붙어서 살았다. 젊은 과부인 필자의 조모는 쏟아지는 잠과 두려움과 어둠을 뿌리치며 그 우물의 물을 첫새벽, 남의 손길이 닿기 전에 가장 먼저 길러서 물독에 가득 채워야 했다.

피로에 녹초가 된 천근같은 다리를 들어올리며 밤늦도록 방아를 찧어야 했고, 쏟아지는 잠을 방아 줄에 매달려 깜빡 잠으로 대신하고는, 별빛을 의지해 물동이를 머리에 이고 더듬더듬 우물가로 나갔던 것이다. 그건 하루일과의 시작일 뿐이었다.

필자 어릴 적, 내 조모의 인생 이야길 듣노라면 마치 성인이나 신 같은 생각이 들기도 해, 다시금 조모의 주름 가득한 얼굴을 바라보기도 했고, 슬픔이 밀려와 차마 그 얼굴을 바라볼 수가 없어 얼른 문을 열고 밖으로 나가기도 했다.

조모께서 시집살이 일 년이 지난 뒤 처음 친정 갈 때, 처녀시절 그 좋던 머리숱이 빠져서 딴 사람 같았고 얼굴은 병색이 가득했다고 한다. 그 모습을 본 친정 식구들이 젊은 과부인 내 조모를 붙들고 대성통곡을 하더라는 이야기를 듣고는 철없던 내 어린가슴이 먹먹했던 걸 지금도 잊을 수가 없다.

얼마 전, 신문에서 '허허실실 최 여사의 마음수행법'이라는 글을 읽은 적이 있다. 글에는 '(제주)성산포에서는 사람은 슬픔을 만들고, 바다는 슬픔을 삼킨다, 성산포에서는 사람이 슬픔을 노래하고 바다가 그 슬픔을 듣는다'는 구절이 있는데, 그 구절을 읽는 순간 까마득히 잊고 있었던, 필자 어린 시절 집 옆 솔밭에서 세차게 불어대던 솔바람 소리가 성산포 바다의 파도소리 같았던 생각이 떠올랐고 이미 저승의 객이 되신 조모 생각이 났다.

그러나 어찌 필자의 조모뿐이겠는가. 이 강토(疆土), 이 겨레를 지키기 위해서 남자는 피를 아끼지 않았고, 여자는 삶의 고통을 마다하지 않았음에랴. 우린 그 후예들임을 상전벽해(桑田碧海)인들 어찌 잊을 수 있겠는가. 불망(不忘)의 도리(道理)를 다짐하는 바로 거기에 선조들의 삶인 여성의 인내심이 있었음에랴.

직관력

남녀가 제대로 사랑하려면, 또는 부부가 결혼생활을 성공적으로 하려면, 먼저 주인공인 당사자들이 상대를 알아야 한다. 여성성이나 남성성을 알고 이해하고 받아들여야 할 것이다. 상대의 덕성을 아는 건, 상대의 겉 조건인 재산이나 학력, 건강 따위를 아는 일보다 훨씬 우선적인 일이다. 왜냐하면 상대의 덕성을 알면 인간성을 받아들이게 되어 쉬 헤어지지 못한다. 내재의 덕성을 모를수록 화만 나면 서초동 법원 갈 생각을 먼저 떠올리게 된다.

사람은 여성성을 이해해야 애인이나 아내에 대한 정당한 대접을 할 수 있고, 남성성을 이해해야 애인이나 남편에 대한 불변의 믿음을 가질 수 있다. 비로소 검은머리가 파뿌리 되도록 살아갈 수 있다. 이처럼 서로를 알아야, 아니 덕성을 알아야 남녀나 부부의 정당한 인연인 '관계와 협력'의 진실한 삶을 살 수 있고, 발전시켜 나갈 수 있다. 성공 인생이다.

사실 부부라고 하지만 이성(異性)이기 때문에 상대에 대한 관심이나 배려를 갖지 않으면, 자칫 평생을 알지 못한 채 모르는 남남처럼, 아니면 조금 아는 것으로 마음이 인색하거나 가난하게 살아갈 수도 있다.

해서 지금부터라도 서로 관심을 갖고 상대의 덕성을 알아서, 확실하고 분명한 마음의 부자로 살아야 한다. 그게 서로를 대하는 정당한 정신자세이고, 함께 살아가는 삶의 바탕이고 사람에 대한 기본적인 예의일 것이다.

따라서 상대를 알고 이해하는 방법에는, 학습도 있고 관찰도 있고, 대화도 있을 것이다. 여기서 상대의 마음을 아는 경우와 모르는 경우의 일화를 보자. 아는 경우가 아닌 받아들이는 경우라고 해도 괜찮다.

어느 부잣집에 머슴이 둘 있었다. 내일이면 1년간의 머슴살이를 끝내고 주인집을 나가는 날이었다. 저녁 무렵 수인이 찾아와서는 오늘 밤 안으로 새끼를 꼬아달라고 했다.
"지독한 영감태기 같으니라고. 마지막 날까지 우릴 이렇게 부려 먹다니, 쯧쯧."
한 머슴이 투덜거리며 불평을 해댔다. 그러고는 새끼를 꼬는 둥 마는 둥 하며, 게으름을 잔뜩 피웠다. 그러나 다른 한 머슴은 불평 한 마디 없이 새끼를 밤늦도록 꼬았다. 다음 날 아침, 두 머슴은 주인집을 떠나기 전에 세경을 받으러 갔다. 그 때 주인이 많은 돈을 마당에 쏟아 놓으며 두 머슴에게,

"자네들 그동안 수고했네. 힘든 일을 자신의 일처럼 잘 해 주었으니, 세경은 자네들이 꼰 새끼줄에 가득 꿰어 가게나"라고 말했다.

- 김재일, 『종이거울』

여성들의 타고난 직관에 대해 남성들이 알아야 한다. 드문 일이지만, 죽었다가 살아난 사람은 영적인 직관의 능력을 얻는다고 한다. 여성들도 일생동안 몇 번이나 죽었다가 다시 살아나곤 한다. 아이 낳을 때이다. 여성들은 그 때 자신의 목숨을 건다. 아이 셋은 세 번 죽었다가 살아난 것이다.

세상의 모든 자식은 그 어머니의 목숨을 건 죽기 살기의 비장한 각오로 태어난 고귀한 생명들이다. 뒤늦게나마 이런 사실을 알게 된 뒤로부터 필자는 세간의 부부들을 만나면 으레 물어본다.

먼저 남편에게,
"지금껏 살아오면서 목숨 걸고 인생을 살아본 적이 있습니까?"
십중팔구는 이렇게 말한다.
"없어요. 목숨 걸고까지 살 일이 뭐가 있겠습니까."
"당신 곁에 있는 부인은 목숨 걸고 인생을 살고 있는 분일 텐데

요. 바로 당신의 아이를 낳을 때 말입니다. 의학발달로 요즘은 많이 수월해졌다고 해도, 부인이 아이 낳을 때를 잘 생각해 보세요. 그리고 사람이 자신의 뱃속에 사람을 넣어가지고 열 달을 견디는 것도 생각해 보세요. 부부는 상대의 일을 남의 일처럼 생각해선 안 돼요.”

갑자기 숙연해지며, 곁에 있는 아내를 쳐다본다. 이어서 필자는 아내에게 말한다.

“자식을 낳을 때, 아들은 태양같이 딸은 달같이 밝고 그윽한 아들딸을 얻고 싶지요. 어떻게 해야 그런 아들딸들을 잉태해 낳을 수 있을까요?”

“글쎄요……!”

“태양과 달을 보려면 고갤 들고 위를 쳐다봐야 하듯이 남편을 우러러봐야 그런 아들딸들을 얻을 수가 있답니다. 아내가 남편을 무시하면 태양과 같고 달과 같은 아들딸은 얻을 수 없다고 합니다.”

죽었다가 다시 살아난 사람의 영적인 직관력, 곧 여성의 직관력은 합리적 판단에 우선한다는 거다. 합리적인 판단이 좋고 옳긴하나, 그건 그 자체로 한계가 있다. 보이지 않고 들리지 않는 것은 모르기에, 미래가 잘 보이지 않는다는 거고 늘 유동적이어서 예측이 어렵거나 빗나간다는 거다.

따라서 남편이 사업을 할 때 가까이 있는 아내의 직관어린 조언에만 귀기울여도 쉬이 어려움에 빠지지 않고, 설령 빠졌다 해도 곧 벗어난다고 말하는 것이다. 직관의 능력을 지닌 여성, 즉 아내를 존중해야 그런 혜택이 가능함도 같이 알아야 한다.

말은 쉽지만, 그동안 그렇게 살아오지 못한 대다수 남성들의 오랜 습관 때문에 알면서도 못할 경우가 많을 것이다. 습관은 앎이나 판단을 가로막고도 남기에.

그래서 쉬운 인생이 그만 어려운 인생이 되고 만다. 부디 아내의 것, 여성의 것을, 가정의 것, 남성의 것으로 만들어 나가자. 공유가 공존임을 알자. 달라진 세상, 남성문화를 따로 만들지 않아도 되는 까닭이다.

지도력

⦿ 가정의 중심에 선 지도자

의당 가족들은 가정의 지도자인 어머니나 아내의 지도력에 순응해야 하고, 정해 놓은 집안의 규칙을 잘 지켜야 한다. 그렇다고 가정의 지도자인 아내나 어머니가 높은 자리에 올라가서 허리에 손을 얹고 손가락으로 지시하거나 일을 시키진 않는다.

언제나 팔을 둥둥 걷고 앞장서서 일한다. 특히 험한 일이나 궂은 일일수록 으레 자신의 몫으로 정해 놓고 늘 솔선수범한다. 어떤 경우에도 남편이나 자식들에게 험한 일 막일을 떠밀지 않는다. 미안하게도 아내가 어머니가 도맡는다.

여성 지도자는 민주적이고 부드러운 리더십으로 가족과 혼연일체가 되어 가정을 이끌어가려 노력한다. 흔히 '지도력'이라고 말하면 남성들의 전유물쯤으로 여겨 딱딱하게 생각하지만, 여성 지도자에겐 전혀 해당되지 않는다. 언제나 손놀림이 왕성하고 말씨가 부드럽다. 그 손과 말씨는 여성들의 지도력이고 지혜라는 말이 맞다.

인간은 원래 맹수들을 피해 도망 다니며 천둥과 번개의 자연현상을 두려워하던, 지극히 나약한 존재였다. 오직 살아남기 위해 환경에 적응해가며 주변의 적들을 물리쳐야 했다. 인간은 그런 절박한 상황에서 드디어 앞발을 들어 열매를 땄고, 뿌리를 캐고 물고기를 잡고 싸움을 했다. 그 앞발이 손이 되었으니, 말하자면 직립했던 것이다.
인간은 두 손을 쓰면서 획기적으로 도구를 발명하고, 하나하나 생존의 기술을 개발하고 터득했다. 인간의 손기술이 발달해 간다는 것은 곧 두뇌의 발달을 의미하는 것, 그러니까 인간의 손은 문화와 문명을 창조했다는 말이 된다. 손을 쓰기 전에는 한갓 짐승에 불과했으나 손을 쓴 이후에 비로소 인간이 되었던 것이다.

인간은 손과 말로 말미암아 만물의 영장이 되었으니, 손과 말이 문화이며 문명이고 지혜이고 자비이고 사랑이고 인간정신이다. 과학기술 문명시대인 지금도 역시 손과 말이 보배인 것은 어김없고, 이는 천고만고의 진리다. 모든 것이 인간의 손과 말에서 나오니까……. 손과 말이 우리에게 주는 절실한 교훈을 찾을 수 있다면, 바로 내 손과 말이 성인군자고, 내 몸의 원리가 성인이 말씀한 경전이다.

남편이 젊은 시절 다소 어긋난 길을 걸었어도, 아내들은 웬만하면 다 용서해 줄 뿐 아니라, 되레 감싸주며 자식들 앞에서 체면을 세워 준다. 그런 점만 봐도 여성의 본심을 알 수 있다.

그리고 여성들은 어려운 여건에 처해서도 자신의 힘으로 아들딸을 잘 키워 무난히 성가(成家) 시킨다. 이런 걸로 보면 여성들의 안목과 부드러운 지도력, 거기에 따른 책임감은 마땅히 대접 받아야 한다. 여성의 따뜻함과 너그러움을 십분 이해할 수 있고, 충분히 알게 해 줘서다.

그러나 많은 남편들이 가정왕국의 질서를 무시한 채, 무단외박하고, 전화 한 통화 없이 늦기 일쑤고, 연일 곤드레만드레 술타령에 빠져 살고, 아내와 의논 한마디 없이 덜컥 남의 빚보증 서준다. 게다가 여성에게 치명적인 가슴앓이까지 시킨다. 그러다가 필경 파탄을 일으키고, 초라한 신세가 되고 만다.

급기야 '황혼 이혼'이 물결처럼 번져가고 있다. 실로 '인생의 위기'고, '가정의 위기'고, '사회와 국기'의 위기이며, 나아가 총체적 인간위기, '관계와 협력'을 저버린 인간존재의 위기다. 해서 부부가 주인공인 가정은 공동체의 기초임에 틀림없다.

이제 다시 구원의 길은 눈앞에 있고 매우 쉽고 간단하다. 아내들의 부드럽고 탁월한 지도력을 겸허히 인정하고 순순히 받아들이는 것이다. 진심으로 지도자의 덕성을 칭찬하며, 천하에 둘도 없는 아내의 지도력에 적극 협조하고 의논하고 순응하는 것이다. 무엇보다 가정왕국의 지존자리는, 아내에게 자진 헌납하는 것이 상책일 것이다.

남성들, 남편들 자존심이 말이 아니겠지만, 어찌하랴. 그것이 변화하는 시대적 생존의 요구사항이고 흐름인 것을-.

그러나 사실은 자존심이 아니다. 그동안 남성이 전유물로 누렸던 기득권을, 여성에 대한 차별의 불평등을 내려놓고 진정한 인간애를 회복하는 일이다. 이건 비단 필자만의 생각이 아닌, 이미 형성된 사회적 조류가 되었다. (신문사 이름은 뺏다.)

• 이 시대 제2의 성(性)은 남자다.

- 2012. 8. 10. 모 중앙일간지

• 더 이상의 남녀차별은 없다. 이젠 후남이도 끝순이도 없다. 오빠 대학등록금을 위해 공장에 다니던 예전과 달리 우리의 딸들, 이제는 '보배·수정'이란 이름을 달고 축복받으며 당당히 세상에 나온다. 자라면서 의사의 꿈, 변호사의 꿈을 키우기도 하고, 반장도 회장도 잘해낸다. 남자들과 동등한 기회를 가지고 능력도 잘 발휘하고 손색없이 잘 자란다. 적어도 아기 낳기 전까지는 그렇다.

- 2012. 6. 25. 모 중앙일간지

• 미래 과제인 저출산 현상을 극복하려면 아빠도 똑 같은 육아의 책임을 지고 사회적 불이익이 있다면 똑 같이 나눠야 한다.

- 2012. 6. 29. 모 중앙일간지

• 육아도 회사일도 힘든 건 매한가지. 육아는 의무 아닌 권리다. 아빠들이여, 당당하게 요구하라. 아빠들이여, 기회는 왔다. 나도 아가 키우고 싶다고 요구하라. 축축한 기저귀를 갈아주면 뽀송뽀송한 엉덩이를 흔들며 웃는 표정이나 배고플 때 우유병을 물려주면 빤히 쳐다보는 맑은 눈동자, 이런 경험은 부모의 특권이다.

- 2012. 10. 22 .모 중앙일간지

• 상대의 말을 끝까지 경청하고, 상대의 입장에서 그 말을 헤아려 공감할 줄 아는 능력에서 남자는 여자의 발끝에도 못 미친다. 갈수록 소통이 중요해지는 현대사회에서 남자가 처한 위기의 본질이 바로 이것 아닐까 한다.

- 2012. 11. 10. 모 중앙일간지

어쩌면 잠수함 속에 토끼 같은 역할을 하는 게 언론매체들이다. 특히 신문이 그렇다. 위의 기사에서처럼 이구동성으로 이제 '남성·남편'들은 시대에 맞는 새로운 남성문화를 만들어가야 한다고 권한다. 그러나 그건 여성성을 이해하고 공유하는 것으로부터 시작되어야 한다. 우선 '여성·아내'들의 지도력과 덕성을 인정한다. 여기서부터 남성들의 새로운 문화는 시작된다. 공유를 통해서 바로 인류공존의 문화가 될 거다.

⊙ **여성이 세계를 이끌어 간다**

우리나라에도 여성 지도자의 시대가 열렸다. 성공여부는 겪어 보고 지나봐야 알 일이지만, 일단 이름은 세계의 반열에 올렸다.

강력한 리더십을 자랑하는 세계적 '수퍼 우먼'의 반열에 대한민국 대통령도 이름을 올리게 된 것이다. 외신 WP는 "진성여왕 이래 첫 여성 통치자"라고 보도하고 있다.

이미 세계 도처에서는 여성 지도자들이 성공적으로 활동을 하고 있다. 외국의 저명한 잡지가 선정한 2012년 세계의 여성 지도자의 면면을 보면 좀 더 실감할 수 있을 것이다. '포브스 선정 2012년 세계에서 가장 영향력 있는 여성 15명'의 이름을 옮긴다.

앙겔라 메르켈 독일 총리

힐러리 클린턴 미국 국무장관

지우마 호세프 브라질 대통령

멀린다 게이츠 빌&멀린다 게이츠 재단 공동의장(미국)

질 에이브럼슨 뉴욕 타임스 편집인(미국)

소냐 간디 인도 국민회의당 총재

미셸 오바마 미국 퍼스트레이디

크리스틴 라가르드 국제통화기금(IMF) 총재(프랑스)

재닛 나폴리타노 미국 국토안보부 장관

셔릴 샌드버그 페이스북 최고운영책임자(미국)

오프라 윈프리 방송인(미국)

인드라 누이 펩시 회장 겸 CEO(미국)

아이린 로젠펠드 크래프트 푸즈 회장 겸 CEO(미국)

레이디 가가 가수(미국)

버지니아 로메티 IBM회장 겸 CEO(미국)

- 2012. 12. 20.『중앙일보』17

이 여성들은, 여성이 지닌 지도력을 '관계와 협력'을 통해 탁월하게 잘 드러내 보인 대표적인 성공사례의 인물군(人物群)이다. 이들의 지도력으로 보아 이미 '여성시대'라고 할까? 아니면 본격 '여성시대가 오고 있다'라고 할까.

여성들은 왜 매일 화장하는가

　필자는 "여성은 남성보다 훨씬 본능적이고, 본능에 더 충실하다"고 말하고 싶다. 여성을 폄하하는 이야기가 아니냐고, 손사래를 칠 수도 있다. 그러기 전에 생각해 봐야할 게 있다.

　흔히, 마흔 넘은 사람의 얼굴에는 그 사람이 지금껏 살아온 삶의 모습이 담겨 있다고 한다. 그래서 사람의 나이 마흔이 넘으면, 자신의 얼굴에 책임을 져야 한다고들 말한다.

　자기 얼굴을 책임지는 건, 자신의 마음을 바꾸라는 말이고, 바꾼 마음이 자신에게나 타인에게 이로워야 한다는 뜻이 은연중 들어 있다.

　만약, 얼굴만 바꾸고[성형으로] 마음을 바꾸지 않으면, 아무 소용없는 일이 되고 만다. 행여 수술로 바꾸어야 하는 얼굴에는 마음도 따라 바꿔야 한다. 바꾼 얼굴로도 여전히 찬바람이 인다면, 한갓 걸어 다니는 설한풍(雪寒風)이나 사람이 만든 온기 없는 인형에 지나지 않을 것이다.

얼굴은 자신의 업보를 가장 잘 나타내는 자기 인생의 거울이고, 당사자의 앞길을 알려주는 인생지도와도 같다. 과거의 생각이 지금의 얼굴에 드리워져 있고, 현재의 생각이 얼굴색을 띄게 하고[察色], 나아가 미래의 얼굴이 되고, 이처럼 전생의 생각이 금생의 얼굴 형태를 만들어 낸다.

이건 또한 오늘의 내 생각이 내일의 내 모습이 되고, 금생의 삶이 내생의 얼굴을 만든다. '전생', '내생'이라는 말이 감당이 되지 않으면, 어제나 오늘, 내일이라고 생각해도 좋겠다.

만약, 자신의 얼굴을 타인의 얼굴을 보듯이 공정하게 바라볼 수 있다면, 자신의 얼굴에서 자신이 살아갈 인생지도를 발견할 것이다. 자신의 현재 얼굴이 자신이 앞으로 살아갈 '인생길'을 일러주고 가리키는 지도이기 때문이다. 이건 추측성 말이 아니라 실제적으로 맞는 얘기다. 자기운명은 자기의 생각과 언행이 만들기 때문이다. 따라서 자기운명은 자기가 안다.

얼굴을 통해서도 알지만 무심코 내뱉는 한 마디 말이나 행동에도 묻어 있고 암시되어 있다. 그래서 더욱 자신의 얼굴표정을 밝게 해야 하고 언행에는 살펴서 조심을 기울여야 한다.

이런 사실을 알고서 하는 건지, 모르면서도 습관적으로 하는 건지, 또는 다른 사람이 하니까 따라서 하는 건지 분간이 안 되지만, 여성들은 잠시도 소홀하지 않고 얼굴 화장을 한다. 자신의 인생지도인 얼굴을 매만져 관리하고 돋보이게 고친다. 깊이 생각해보면 여성들이 자신의 얼굴을 매만져 관리한다는 건 자기운명을 바꾸는 것에 다름 아니다.

물론 여성은 예쁘기 위해서 화장하고, 사회적인 예의를 지키기 위해서 다듬고 관리한다고 말할 것이다. 그러나 필자는 여성이 자기 얼굴 관리하는 일은 '좋은 인생지도'를 만드는 일이라고 보고 싶다. 한 걸음 더 나아가 창조적인 의미를 부여하고 싶다. 자신의 운명을 뛰어넘어, 더 나은 자신의 인생지도를 만드는 일로ㅡ.

여성들에게만 귀띔해 주고 싶다. 기왕의 그런 노력이라면 최상의 얼굴관리, 최고의 얼굴화장은 '웃는 모습'을 짓는 것이라고……

사람을 만나 입을 열기 전에, 먼저 웃음으로 대하고 맞이하라는 거다. 이는 화룡점정(畵龍點睛)과도 같다. 얼굴관리가 용 그림이라면 그 위의 웃는 모습은 용의 눈을 그려 넣는 일과 같아서다.

실제로 남성들보다 여성들이 훨씬 더 잘 웃는다. 그 공덕으로 얼굴이 부드럽고 아름다우며, 언제나 반짝반짝 빛나 매력이 넘친다. 필자만의 주장이 아니다. '심미적 사회, 몸이 예술작품이다'라는 제하의 글을 신문에서 인용해 본다.

인류역사가 시작된 이후 아름다워지고 싶지 않았던 때가 없었다고 해도 과언이 아니다. 원시부족도 화장을 했으며, 이미 기원전에 성형 수술이 시술되었다는 기록이 있다. 그럼에도 외모를 가꿀 수 있는 사람은 많지 않았다. 그것은 아주 제한된 특권적 계층과 부유한 소수만의 특권이었다. …중략…

그냥 아름다운 것으로도 충분하지 않게 됐다. 남들보다 더 아름다워야 하는 것이다. 우리는 과거 어느 때보다도 아름다워졌지만 과거의 어느 때보다 더욱 불행해지고 있다.

경쟁하면서 불행해지기 위해서가 아니라 행복하기 위해서 아름다워져야 한다. 누군가는 아름다움은 행복의 약속이라고 말했다. 아름다움은 선의 광채라는 말도 있다. 우리를 행복하게 만들어주지 않는 것은 아름답지 않다. …중략…

아름다운 외모가 행복과 맺어지기 위해서는 행동과 결합되어 조화, 즉 코스모스를 이루어야 한다. 일상이 심미화된 현실에서 우리는 아름다워지기 위한 노력을 게을리 하지 말아야 한다. 삶은 예술작품으로 완성해야 하는 과제이다. 시각적 외모가 아니라 아름다운 행동으로 예술작품이 되어야 하는 것이다.

- 2013. 2. 5.『동아일보』오피니언 A29

여성들이 하는 얼굴관리, 여성들이 화장하는 것은 자신의 여성

성을 꽃피워 내는 작업이다. '책임감·자애심·친화력·섬세함·안정감·신앙심·무외심·인내심·직관력·지도력-'

이렇게 아름다운 덕성의 꽃들을 한층 더 꽃피워내는 작업이 여성들의 화장이고, 그건 인생지도를 고치는 다분히 의미 있는 일이다. 본능적이라고 해도 말이다.

그리고 무엇보다 '관계와 협력'의 길을 활짝 열어가는 또 하나의 창조적 작업인 것이다. 얼굴관리는, 얼굴화장은, 여성의 가상한 노력이자 두드러진 인생강점이 아닐 수 없다. 미소로 용의 눈을 삼고, 화장으로 용의 몸을 삼고 행동으로 용이 승천하는 예술작품이 된다면.

‘어머니’, 이 한 이름으로

탈무드는 ‘신(神)은 모든 곳에 있을 수 없어서 어머니를 보냈다’
고 말하고, 천주교에서는 예수보다 마리아를 더 위에 두고, 불교
에서는 ‘자식에게 어머니는 성인(聖人)보다 더 높다’고 말한다. 불
교의 부모은중경 첫머리에 부처님이 뼈무더기에 절을 하는 걸 보
면 누구나 알 수 있다. 세상의 자식들이 이 지극한 뜻에까지 도달
하려면 다소 세월이 필요할지도 모르겠다. 더러는 캄캄 모른 채
인생이 끝날 수도 있을 것이고.

그러나 이런 것들은 인류가 경험해 쌓아온 빛나는 진실이다. 누
가 부정할 수 있겠는가. 세상 사람들은 ‘어머니’를 기록하고 기억
하고 있다. 신문에서 세 편의 이야기를 옮긴다.

1. 벨기에 대학생 롬 하우번은 1983년 교통사고를 당해 식물인간 판정을 받고 23년을 누워 있었다. 그러나 온몸이 마비돼 표현을 못할 뿐 의식은 멀쩡했다. 그를 '침묵의 감옥'에서 구해낸 건 어머니였다. 아들의 의식이 살아 있다고 믿고 날마다 말을 건넸다.

용한 의사를 찾아 미국도 다섯 번 갔다. 아들은 재활 끝에 발을 움직여 컴퓨터로 의사소통을 하게 됐다. 첫 말은 "아버지가 돌아가셨을 때 돕지 못해 죄송하다"였다. 9년 전 어머니가 들려준 아버지 별세 소식을 기억하고 있었다.

하우번 같은 '감금증후군'과 달리 식물인간은 깨어나기 어렵다. 대개 5~10년 안에 욕창·폐렴·요로감염으로 죽는다. 식물인간 1100명을 연구한 미국 신경학자 론 크랜퍼드는 15년 넘겨 살 확률이 2만분의 1에서 8만분의 1이라 했다.

가장 오래 생존한 식물인간은 48년을 버틴 미국 간호사다. 크랜퍼드는 15년의 임상조사 결과 "평균치 넘게 사는 경우는 어머니가 보살폈을 때"라고 했다.

- 2012. 11. 27. 『조선일보』 오피니언 A38

2. 1970년 열일곱 미국 소녀 에드워다는 당뇨병 약 부작용으로 의식을 잃기 직전 엄마 케이에게 "내 곁을 떠나지 말아 달라"고 했다. 케이는 그때 딸에게 한 약속을 평생 지켰다.

입원비를 정부가 대주는 요양병원을 마다하고 집에서 24시간 딸을 돌봤다. 등에 종기가 나지 않게 두 시간마다 딸의 몸을 뒤집고 네 시간마다 인슐린 주사를 놓았다. 쪽잠을 자며 한 번에 90분 넘게 눈을 붙이지 않았다.

딸의 곁을 비운 건 딱 두 차례, 둘째딸 결혼식과 남편 장례식 때였다. 그 사이 어머니의 금발과 딸의 흑발은 함께 백발이 됐다. "딸을 비참한 상태에서 풀어줘라"는 사람들이 집에 총을 쏘는 일도 세 차례 겪었다.

케이는 4년 전 딸의 곁에서 숨졌다. 평생 보살핌이 필요한 중증 장애아의 어머니들은 "아이보다 하루 더 사는 것이 소원"이라고 말한다. 케이도 평온하게 눈을 감지는 못했을 것이다. 여동생이 보살피던 에드워다도 지난주 42년 병상의 삶을 끝냈다.

- 2012. 11. 27.『조선일보』오피니언 A38

3. 외아들을 교통사고로 잃었던 박완서는 단편 '내 가장 나중 지닌 것은'에서 식물인간 아들을 수발하는 어느 어머니를 질투했다. '볼 수 있고, 만질 수 있고, 느낄 수 있는 생명의 실체가 그렇게 부럽더라'고. 케이는 자식 앞세운 부모들에 비하면 행복했는지도 모른다. 속담에 '긴 병(病)에 효자 없다'고 했지만 반평생을 가는 병에도 어머니는 있었다.

- 2012. 11. 27.『조선일보』오피니언 A38

"어머니 -"

이 이름 속에 여성들의 덕성이 담뿍 깃들어 있다. 여성들이 매일 같이 화장하며 가꾸는 '덕성의 꽃들'이 함빡 피어나고 있다.

'어머니-', 이 이름 속에는 남성들의 덕성이 담뿍 깃들어 있다. 어머니는 결코 여성으로 끝나지 않는다. 어머니는 여성이며 남성이다. 성인 현인 군자도 어머니를 의탁해서 태어난다.

따라서 어머니는 오로지 아름답게 꽃피어나는 인간의 진실한 모성이고, '관계와 협력'의 법칙성인 뜨거운 인간애다.

열 가지 어머니에 대한 옛 심정을 오늘에 다시 생각해 보자. 동서고금을 초월한 어머니 소식, 참 면모를 다시 알게 될 것이다.

첫째는 아기를 배어서 수호해 주신 은혜

　여러겁을　내려오며　인연이-　중하여서

　어머니의　태를빌어　금생에-　태어날때

　날이가고　달이져서　오장육부　생겨나고

　일곱달에　접어드니　육정이-　열렸어라

　한몸이-　무겁기는　산악과-　한가지요

　가나오나　안고서고　바람마저　겁이나며

　아름다운　비단옷도　도무지-　뜻없으니

　단장하던　경대에는　먼지만-　쌓였구나

　둘째는 해산에 임하여 고통 받으신 은혜

아기를- 몸에품고 열달이- 다차가서

어려운- 해산달이 하루하루 다가오니

매일매일 맞는아침 중병얻은 몸과같고

하루하루 다가가니 정신조차 아득해라

두렵고- 떨리는맘 무엇으로 형용할까

근심은- 눈물되어 가슴속에 가득하니

슬픈생각 가이없어 친족들을 만날때면

이러다가 죽지않나 수심만- 가득하네

셋째는 자식을 낳고서 근심을 잊으신 은혜

  자비하신 어머니가 그대를- 낳으신날

  오장육부 그모두를 쪼개고- 헤치는듯

  몸이나- 마음이나 모두가- 끊어졌고

  짐승잡은 자리같이 피가흘러 넘쳤어도

  낳은아기 씩씩하고 충실하다 말들으면

  기쁘고- 기쁜마음 무엇으로 비유할까

  기쁜마음 정해지자 슬픈마음 또닥치니

  괴롭고- 아픈것이 온몸에- 사무치네

넷째는 쓴 건 삼키고 단 건 뱉아서 먹여 준 은혜

중하고도 높고깊은 부모님의 큰은혜요

사랑하고 보살피심 어느땐들 끊일손가

단것이란 다뱉으니 잡수실게 무엇이며

쓴것만을 삼키어도 밝은얼굴 잃지않네

사랑하심 강산같고 깊은정은 바다같고

은혜는- 하늘같고 슬픔또한 가이없네

어느때나 어린아기 잘먹일것 생각하니

자비하신 어머니는 굶주림도 사양찮네

다섯째는 마른자리는 아기에게 어머니는 젖은 자리의 은혜

　어머니- 당신몸은 젖은자리 누우시고

　아기는- 받들어서 마른자리 눕히시네

　양쪽의- 젖으로는 기갈을- 채워주고

　고운옷- 소매로는 찬바람- 가려주네

　은혜로운 그마음에 어느땐들 잠드실까

　아기의- 재롱으로 기쁨을- 다하시고

　오로지- 어린아기 편할것만 생각하여

　자비하신 어머니는 편안함을 찾지않네

여섯째는 젖 먹여 길러주신 은혜

어머니의 중한은덕 땅에다가 비유할까

아버지의 높은은덕 하늘에나 견줘볼까

하늘은혜 땅의은혜 그은혜를 크다하랴

아버지와 어머니의 크신은덕 그를넘네

아기비록 눈멀어도 미워할줄 모르시고

손과발이 불구라도 싫어하지 않으시네

배가르고 피흘려서 친히낳은 자식이라

종일토록 아끼시어 사랑하심 끝이없네

일곱째는 더러운 것을 깨끗하게 씻어주신 은혜

  생각하니 지난날의 아름답던 그얼굴과

아리따운 그몸매는 유연도- 하셨어라

두눈썹은 푸른버들 가른듯- 하였었고

두뺨의- 붉은빛은 연꽃보다 더했어라

은혜가- 깊을수록 옥의모습 스러졌고

더러운것 씻느라고 맑은일굴 상했어라

오로지- 아들딸만 사랑하고 거두시다

자비하신 어머니는 얼굴모양 바뀌셨네

여덟째는 자식이 먼 길 떠나면 염려하신 은혜

죽어서- 헤어짐도 참아가기 어렵지만

살아서- 헤어짐은 아프고- 서러워라

자식이- 집을나가 먼길을- 떠나가니

어머니의 모든마음 타향밖에 나가있네

밤낮으로 그마음은 아들딸을 따라가고

흐르는- 눈물줄기 천줄긴가 만줄긴가

원숭이- 달을보고 새끼생각 울부짖듯

염려하는 생각으로 간장이- 다끊기네

아홉째는 자식을 위해서는 나쁜 일도 감히 하신 은혜

　부모님의 은혜가- 강산같이 중하거니

　깊고높은 그은덕은 실로갚기 어려워라

　자식의- 괴로움은 대신받기 원하시고

　자식이- 고생하면 부모마음 편치않네

　자식이- 머나먼길 떠난다- 들을지면

　잘있는가 춥잖은가 밤낮으로 걱정이고

　자식들이 잠시라도 괴로운일 당할때면

　부모님의 그마음은 오래오래 아프셔라

열째는 끝없이 자식을 사랑하시는 은혜

부모님의 높은은덕 깊고도- 중하여라

크신사랑 크신은혜 끊일사이 없으시니

앉으나- 일어서나 그마음이 따라가고

멀든지- 가깝든지 크신뜻은 함께있네

부모님- 나이높아 일백살이 되었어도

팔십살된 그자식을 어느때나 걱정하네

이와같은 크신사랑 어느때에 끊이실까

수명이나 다하시면 그때에나 쉬실까-

- 송암 편저, 『엄마라고 부를 수 있을 때』에서

어머니에 대해서 밤을 도와 생각하고 뉘우쳐도 다함이 없고, 종일 말을 하고 글을 읽어도 도무지 끝이 없다. 동서고금의 수많은 어머니 노래를 모으면 높은 산 넓은 바다가 되고도 남을 것이다.

어머니는 여러 어머니가 있다. 역할에서 본 덕성의 총합으로서 어머니 말이다. 그걸 그때그때 형편에 맞게 찾는 일은 독자들의 몫으로 남기고, 필자는 인간에게 '어머니'를 영원한 화두로 다시 내놓아, '어머니'가 갖춘 덕성을 찾아보라고 하고 싶다.

어즈버 자신의 목숨이 다할 때까지 -. 어머니에게 자신의 진실, 인간의 진실이 있어서이고, 그걸 되찾아 자신을 회복하기 위해서다. '관계와 협력'의 인간존재 회복말이다.

누차 말했지만 여성성의 모든 것, 덕성들의 총합은 '관계와 협력'의 산물이고 필요품이다. 아니 '관계와 협력'에서 인간의 덕성들이 태어난다. 심지어는 여성이 임신했을 때 일으키는 입덧은 태아와 임신부의 각기 다른 입맛 차이라고 식품학자 전재근 교수는 주장한다. 그러므로 '관계와 협력'은 여성의 덕성을, 인간의 덕성을 나타내는 또 다른 이름이다. 여성들의 덕성들은 여성자신의 존재가치다. 바야흐로 인간의 존재가치가 되어야 한다.

발명을 통해 인간생활의 편리를 도모하듯이, 덕성의 발견을 통해 인간의 존재가치를 누려야 한다. 여성성의 남녀공유는 시대의 요구이고, 강물 같은 인간심리의 도도한 한 흐름이다. 이 시점에서 우리는 남녀의 인간이 지닌 인간성을 다시 깨달아야 한다. 비로소 정당한 '관계와 협력'의 인간존재가 확립될 거다.

제4장

욕망에 눈을 달아라

'관계와 협력'의 눈, 바른 마음이다

'관계와 협력'의 눈, 바른 마음이다

미국의 여성 언론인, 해나 로진은 『남자의 종말』에서, '4만 년이나 계속 돼 온 가부장제 사회가 1970년대 이후, 불과 40년 만에 가모장제(家母長制)로 가정에서 성(性) 권력이 교체되었다'고 선언하고 있다. 또 남자의 덩치와 힘이 별반 가치가 없는 것이라고 꼬집었다. 이렇게 열린 의사소통의 능력을 가진 여성들이 세상을 점령했는데도 뻣뻣한 남자들은 사태파악도 못하고 있다고 로진은 비판하고 나섰다.

과연 로진의 말이 맞는다고 하면, '어떻게 해야 남성으로 살아남을 수 있을까?' 이 급격한 시대의 흐름 속에서 남성들은 어떻게 존재할 수 있을까? 아니 우리 인간들은 어떻게 창조적인 성평등으로 함께 존재해 갈 수 있을 것인가? 이 시대, 인류의 절박한 화두(話頭)라는 생각이 온 몸을 사로잡는다.

'관계와 협력'의 인간존재를 되찾는 일만이 이 화두를 풀어내는 방법이 될 것이고, 결국 누구나 바른 마음을 가지는 일이다.

인생초원

흔히 인생을 초원에 비유한다. 초원을 말달리듯 인생을 살아야 한다는 점과 초원의 끝은 가보지 않으면 누구도 알 수 없는 미지(未知)라는 점을 말하고 있어서라고 한다.

인생도 역시 그때그때 몸소 겪어보지 않고는 알 수가 없다. 끝까지 살아보지 않고는, 그 누구도 자신의 앞길을 알지 못한다. 이런 점에서 삶은 체험이 중요할 수밖에 없다. 그러나 아이러니하게도 인생을 끝까지 살아본다는 건 죽음을 뜻한다.

그러기에 자신의 앞길을 훤히 알고 인생을 사는 사람은 이 지구상에 단 한 사람도 없을 것이다. 그건 지금도 앞으로도 그럴 수밖에 없다. 따라서 일정 부분 성공한 사람이라고 해도 역시 한 때의 일일 수밖에 없다.

이렇게 앞길을 모르기에 하루하루 삶이 가슴 두근거릴 수밖에 없고, 조심스러울 수밖에 없다. 무슨 죄를 지어 두근거리거나 조심스러운 게 아니다. 미래에 대한, 자신의 삶에 대한 예측불가 때문이다. 해서 마냥 두근거리고 조심스럽고—

그 가운데 인생은 흘러가고.

이 두 가지 증세는 인간이라면 누구나 다 가지고 있다. 먼 조상으로부터 자신에게 이르기까지……

두근거림과 조심스러움은 대대로 물려받은 유전인자다. 그리고 이것은 우리 삶이 근본적으로 불안하고 불편하다는 사실을 의미한다.

초원의 유목민, 현대 도시의 신유목민—.

다 같이 미래를 예측할 수 없는 것을 의미한다. 마냥 두근거리고 조심스럽고—

이 두 가지 증세를 면할 수 있는 방법은 없는 것일까? 우리 가슴을 옥죄는 이 불안과 공포를 벗어날 길은 과연 없는 것인가? 모두 구도자가 되어 그 방법을 찾아 보자.

옛날에 가난한 사람이 있었다. 어느 날 꿈에서 천신(天神)을 만난 그는, 염치불구하고 잘 살도록 해 달라고 애원했다. 워낙 가난하게 살아온 인생이라, 가난 면하는 게 소원이었던 것이다.

그러자 천신은 그를 어디론가 데리고 갔다. 그곳에는 크고 작은 복주머니들이 천장에 가득 매달려 있었다. 그런데 천신이 가리킨 그의 복

주머니는 너무 작고 보잘것없었다. 그가 실망하자 천신은 다른 사람
의 복주머니를 잠시 빌려주었다.

"이 복주머니의 주인은 아직 세상에 태어나지 않았네. 주인이 태어나
면 곧바로 돌려주어야 하네."

가난한 사람이 꿈에서 깨어나자 벌써 부자가 되어 있었다. 그러나 세
월이 흘러 복주머니의 주인이 세상에 태어났다. 그러자 그는 다시 가
난뱅이로 되돌아가고 말았다.

천신을 찾아가서 울며불며 애원했다. 천신은 몹시 안타까운 표정으
로 말했다.

"자네가 부자로 살 때 남을 좀 도와주었더라면 다시 이렇게 되지는
않았을 터인데, 쯧쯧!"

-김재일,『종이거울』

가난도 부도 행도 불행도 기쁨도 슬픔도, '관계와 협력'에 의해
서 좌우됨을 알 수 있다. 어쩌면 바로 여기에서 인류에게 구원의
문이 다시 활짝 열릴지도 모른다. 두려움과 조심스러운 두 가지
심정을 넘어선 안심하고 살 수 있는 바른 인생길, 바로 이 '관계와
협력'의 길이 아닐까.

그 욕망에 눈을 단다

알다시피 욕망은 선(善)도 아니고 악(惡)도 아니다. 뭔가 하고자 하는 내적인 강력한 욕구이다. 욕망, 인간이라면 누구나 공평하게 지닌 천부적인 것이다. 이걸 인간평등의 근거를 삼아도 될 정도다.

다만 이 힘을 착하게 썼을 땐 좋은 일이 이루어지고, 악하게 썼을 땐 나쁜 결과를 맺게 된다. 그러니까 욕망은 어떻게 쓰느냐에 달린 것이지, 욕망 자체에 선악이 미리 정해진 것이 아니라는 거다. 무엇으로노 규정되지 않은 순수에너지이고 무한가능성ー, 욕망은 이런 것인지 모른다.

그렇지만 순수에너지인 욕망은 마치 용수철과 같은 탄력이 있어서 무조건 내리 눌러 억제하거나 금을 그어 제한해서는 안 된다. 무서운 반탄력 때문이다. 결국 순조롭게 잘 쓰려면 이 순진하고 거대한 욕망에 눈을 달아줘야 한다. 인간성의 진실이 원하는 방향을 찾아줘야 하기 때문이다.

순진하고 거대한 인간 욕망에 눈이 없게 되면 인간은 언제까지나 갈팡질팡 종잡을 수 없게 된다. 순수에너지인 욕망이 동력이 되어 선도 악도 무한대로 가능하기 때문이다.

인간의 삶은 욕망이 바탕이 되어 좋은 생각은 좋은 일로 이루어지고, 나쁜 생각은 나쁜 일로 이루어진다. 그러므로 나쁜 일이 이루어진다고 해서 욕망을 탓할 것이 아니다. 생각의 방향인 밝은 눈이 없는 걸 문제 삼아야 한다.

그러므로 선도 아니고 악도 아닌, 그 이전의 강력한 에너지 —. 자신의 욕망에 눈을 달아줘야 하는 건 인간 누구에게나 선결과제고, 인생의 '행 · 불행'을 가름하는 가늠자다. 너와 나, 나아가 인류의 중차대한 과업이다.

'눈'은 뭔가? '욕망의 눈', 그 정체는 뭔가?
'관계와 협력!'이고, 동시에 '지혜 · 자애'이다.

'욕망의 눈[眼]'은, '관계와 협력'의 진정한 인간존재다. 인간존재에 대한 깨달음이고 믿음이다. 욕망에 눈이 있어야 바름을 알고, 바름을 갖췄을 때, 해야 할 일과 하지 말아야 할 일을 알게 된다는 건, 참된 인간성인 '관계와 협력'을 회복한다는 걸 뜻한다. 곧 인간 누구나 '관계와 협력'을 통해서, 자기 일을 스스로 찾아 거기에 정열[욕망]을 쏟게 된다는 걸 말한다. 남도 좋고 자신도 좋은 향상의 길, 의타행의 길이고 '세계평화 · 인류행복'의 길이다.

'관계와 협력'에서 찾은 진정한 자기 일은 어떤 형태로든 남에게 해를 끼치지 않는다. 작거나 크거나 공동선이 되어 공동체를 발전시킨다. 그건 자기도 좋고 남도 좋다는 공동체의 패러다임, 생존원리다.

이건 공자님이나 성인들의 거룩한 말씀이나 뛰어난 사람들만의 일이 아니고, 인간 누구나 현실에서 깨달아야 하고 쓰고 살아야 할 생존이고 공존이다.

무엇보다 일생동안 자기가 하고 싶은 자기의 직업을 찾는 일은 자신의 욕망에 눈을 달아주는 것이다. 바름[正]이나 인간성숙이라고 말할 수도 있을 것이다. 여기서 인간은 자신을 신뢰하게 되고 비로소 안심을 얻게 된다. 비록 자신의 앞날에 대해 한 치 앞을 모르고 있어도 바름이 있기에 조금도 걱정하지 않게 된다. 두근거림과 불안증도 어느 새 사라질 것이다.

'어떻게 욕망에 눈을 달 것인가?'
'어떻게 바름과 용기의 눈을 달 것인가?'

산 속에 도인이 제자와 살고 있었다. 제자는 밤낮없이 도를 닦았지만, 조금도 나아지지를 않았다. 하루는 제자가 스승 앞에서, 그 까닭을 물었다. 스승은 제자에게, 시냇가에 가서 큰 돌을 하나 들고 오라고 했다. 잠시 후 제자가 큰 돌을 가져오자, 스승은 큰 돌을 다시 제자리에 가져다 놓고, 작은 조약돌을 가지고 오라고 했다. 제자는 큰 돌을 본 자리에 정확하게 가져다두고는, 작은 조약돌 하나를 들고 왔다. 스승은 다시 조약돌을 제자리에 가져다 두라고 했다. 잠시 후 제자는 조약돌을 도로 들고 왔다. 제자리가 어딘지를 찾을 수가 없다는 것이었다. 스승은 웃으면서, 말했다.

"세상에는 큰일보다 하기 어려운 작은 일도 있느니라. 작은 것을 업신여겨 온 네 공부에 대한 탓을 이제는 알겠느냐?"

– 김재일, 『종이거울』

지혜를 얻는 것이다. 크고 작고 많고 적고의 분별을 초월하는 지혜가 필요하다. 모든 게 소중하다는 마음가짐이다. 현재의 우리는 어느 한 쪽으로 치우쳐 있다. 거기서 벗어나고 바로 서는 것이 지혜다.

지혜를 가지면 비록 자신의 앞길을 한 치 앞도 모른다고 해도 '관계와 협력'으로 자신의 삶을 해석하고, 기회마다 수많은 인생 선배들의 교훈과 조언들을 역량껏 받아들인다. 그게 욕망에 눈을 달아주는 것이고, 눈이 달렸을 때, 비로소 '바름'과 '용기'를 가질 수 있다. 그 '바름'과 '용기'에서 드높은 기상과 불굴의 기백, 열정의 신명이 솟아난다. 이 '바름'과 '용기'는 누구나 가질 수 있는 인간 모두가 타고난 천혜의 것이다. 해서 '도시유목민'인 노마드 청춘의 또 다른 이름은 '바름'과 '용기'다.

특히 우리의 혈관에는 드높은 기상과 불굴의 기백, 열정의 신명이라는 대대로 물려받은 유산이 흐르고 있다. 우리의 몸속에는 바름과 용기의 생명에너지가 돌고, 그 생명에너지를 바탕으로 한 삶의 지혜가 수북하게 켜켜이 쌓여있다. 오늘의 우리 노마드 청춘들은 너, 나 없이 이런 정신의 무형자산을 유전코드로 갖고 있다. 축복 가득한 인생들이다.

이제 바름과 용기로 무장한 노마드 청춘들이 미지의 초원에 가슴 설레이는 자신감으로 나설 수 있게 되었다. 노마드 청춘의 그 화려한 빛으로 자신들의 드넓은 삶의 초원을 길고 깊게 내다 볼 수 있다. 자신의 늙음과 죽음마저도 - .

독일의 괴테가 말한 것처럼, '청춘의 화려한 빛으로 자신을 본다.' 그건 '관계와 협력'을 보는 거다. 노마드 청춘들은 거기서 인생 최고의 벗인 아내나 남편을 본다. 최고의 은혜인 어머니를 보고 아버지를 본다. 최고의 사랑인 아들딸을 본다. 희로애락의 무대인 세상을 보고, 주연 배우인 나를 보고 우리를 본다. 과거를 보고 현재를 보고 미래를 본다. 동쪽을 보고 서쪽을, 남쪽과 북쪽을 본다. 극미(極微)의 소립자를 보고 극대의 우주를 본다. 이 모두가 '관계와 협력'의 세계이다. 노마드 청춘의 그 화려한 빛, 그 시절의 혁혁한 광채가 아니면 결코 볼 수 없는 것들이다.

인생과 역사는 왜 돌고 도는가

만물은 윤회한다. '윤회'라는 말이 부담스럽거나 감당이 안 되면, '순환'이라고 해도 좋고, 그냥 '돌고 돈다'고 해도 좋다. 인간만 돌고 도는 게 아니다. 지구도 돌고 별들도 돌고, 태양계도 돌고 은하도 은하계도 돈다. 그 시작은 뜻밖에도 인간의 생각이 돌기 때문이다. 따라서 인간들의 삶도 흥망(興亡), 영고(榮枯), 성쇠(盛衰)의 틀로 다람쥐 쳇바퀴 돌듯이 돈다. 이상할 게 없다. 안팎의 모든 것이 돌고 도니까? 이것은 돌고 도는 삶의 수레바퀴이고 윤회의 수레바퀴다. 그 태초의 원인은 생각의 수레바퀴다.

인간의 마음에서 쉼 없이 슬픔과 기쁨, 쾌락과 비애, 만남과 이별, 시작과 끝, 부와 가난, 미추와 시비와 생(生)과 사(死), 이승과 저승, 선과 악 등이 쌍곡선을 이뤄서 이처럼 빙빙 돌고 도는 것이 우리네 인생이다. 세계의 실상이다. 윤회나 순환이다.

결국 인간과 역사, 모든 만물은 돌고 돈다는 말 이외에는 다른 표현이 없다. 흘러감도 '돈다'다. 그렇다면 인간과 만물은 왜 수고롭게 돌아야만 하는가, 돌지 않으면 안 되는가? 그게 존재의 타고난 숙명인가? 아니면 조물주의 장난인가? 어쩌면 위성을 타고 하늘까지 넘보는 인간문명에 대한 신의 훼방, 시샘, 질투인가.

그러나 인간의 숙명도 아니고, 더욱 조물주의 장난이나 심술도 아니다. 돌고 도는 그 밑바닥에는 인간의 마음이 원인으로 작동하고 있기 때문이다. 인간의 마음이 늘 요동치고 돌기에, 자연은 모였다가 흩어지는 성주괴공(成住壞空)으로, 역사는 일어나고 사라지는 흥망성쇠(興亡盛衰)로, 인간은 태어났다가 죽는 생로병사(生老病死)로, 생각은 잠시도 멈추지 않는 흐름의 생주이멸(生住異滅)로 미워했다가 좋아하고, 사랑했다가 싫어하고……, 결국 돌고 도는 윤회의 수레바퀴다. 그 밑바닥에 인간의 마음, 번뇌가 있다.

이처럼 인간의 마음은 잠시라도 기만 있진 못하고, 온갖 요술을 다 부리며 요동친다. 이런 인간의 마음은 마치 깊은 물속과도 같다. 그냥 흐르는 게 아니라 소용돌이로 빙빙 돌면서 흘러서다. 이에 정직하게 말하면 돌고 도는 '역사의 수레바퀴'가 아니라, 돌고 도는 인간 '욕망의 수레바퀴'다. 일이 좀 잘 되면 금방 교만해지고,

일이 조금 어려우면 곧 죽을 것처럼 비굴해지는 생각과 말과 행의 조종자인 인간의 마음이 인간과 역사와 자연의 밑바닥에 도사리고 있는 것이다.

사람들은 수레바퀴라는 말을 즐겨 사용하면서도, 그 원인과 밑바닥을 까맣게 모른 채, 영문도 모르고 마냥 따라 돌기만 한다. 따라서 어제도 오늘도 탄식만 거듭해 왔고, 탄식의 미궁 속에 하염없이 따라 돌며, 숙명같이 살아갈 뿐이다. 옛 이야기를 통해 우리 인생이 무엇인가를 보자.

어떤 사람이 광야를 걷고 있었다. 그런데 갑자기 뒤에서 지축을 흔드는 굉음이 들려 돌아보았더니, 커다란 코끼리 한 마리가 자신을 향해 사납게 달려오는 것이었다. 그는 순간 있는 힘을 다해 도망쳤다.

마침 한 우물이 있어서, 아래로 늘어진 칡넝쿨을 잡고 중간쯤 내려가 몸을 피했다. 돌 틈에 발을 끼우고 손으로 칡넝쿨을 잡고 위를 올려다보니, 코끼리가 자신을 바라보며 사나운 괴성을 연신 지르고 있었다.

다시 아래를 내려다보니, 커다란 뱀 네 마리가 대가리를 곤두세우고 혀를 날름거리며, 자신을 쳐다보고 있는 게 아닌가. 그는 소스라치게 놀라 더욱 칡넝쿨을 두 손으로 굳게 거머잡았다. 그런데 칡넝쿨을 살펴보니, 흰쥐와 까만 쥐가 번갈아 이빨로 갉아대고 있었다.

그런 중에 바로 머리 위 벌집에서는 꿀물이 똑똑 떨어지고 있었다. 그는 자신도 모르는 사이 혀를 내밀어 그 꿀물을 받아먹었다. 그는 떨어지는 꿀맛에 빠져서 어느 새 모든 걸 송두리채 잊어버렸다.

- 고전

여기의 어떤 사람은 인간 개인을 말하고, 광야는 누구나 살아가는 삶의 무대인 우리 사회, 달려야 하는 인생초원을 말한다. 우물은 스스로 한계 짓는 누에고치 같은 자기 삶을 뜻하고, 무섭게 달려드는 코끼리는 잠시도 멈추지 않고 변해가는 만물의 속성인 무상(無常)을 말하고, 흰쥐 까만 쥐는, 낮과 밤인 세월의 시간이다.

꿀물은 먹고 잠자고 이성을 탐하고 이름을 내고 재물을 모으는 인간의 다섯 가지 즐거움, 오욕락(五欲樂)이다. 맨 아래에 있는 4마리의 뱀은 인간의 몸을 구성하고 있는 지수화풍(地水火風), 육체의 네 가지 물질요소다.

그 요소가 합쳐져 있을 때는 인간의 육체이지만, 분리되어 흩어지면 곧 죽음이다. 머리를 치켜들고 혀를 날름거리는 4마리의 뱀은 누구에게나 시한부 삶인 죽음을 시시각각 예고하고 있는 것이다.

이 이야기는 인간의 복잡한 일생을, 암시적이고 은유적으로 잘 설명해 주고 있다. 이런 유한인간의 한계 상황을 벗어나고 싶다면, 무엇보다 자신을 알아야 한다. 그리고 남자는 여자를 여자는 남자를 알아야 한다. 결국 사람을 아는 것이다.

자신을 알거나 상대를 안다는 것이 무엇인가? '관계와 협력'을 아는 것이다. 그건 인간덕성을 아는 것이고 인간성품을 아는 것이다. 결국 '관계와 협력'이 인간의 성품이며 생존원리이고 인간의 공존원리라는 걸 깨닫게 되는 것이다.

로빈손 크루소가 외딴 섬에서 혼자 살아도, 인간사회에서 배웠던 것을 토대로 사는 것이다. 그 이야기는 사람은 사람 속에서 살아야 한다는 것을 강조한 것이다. 곧 '관계와 협력' 속에서 살아야 한다는 것을 말하고 있다. '관계와 협력'은 인간과 우주가 지닌 본성이고, 또한 영속불변의 준엄한 법칙이다. 아득한 시간 뒤, 설령 인간이 지구에 살지 않아도 -.

인간은 자신과 타인, 곧 인간에 대한 바른 이해를 통해서야, 자신의 인생을 성공적으로 경영할 수 있다. 그건 자기한계의 고정틀을 벗어난다는 걸 뜻한다. 인간의 얕은 마음을 떠나, 진실한 속마음을 아는 것이기도 하다. 얕은 마음은 감각이나 기분, 감정 따위의 즉흥적인 생각들이다. 이에 비해 깊은 속마음은 상대에 대한 배려나 역지사지(易地思之)로 입장을 바꾸어 상대를 생각하거나, 폭넓은 이해를 갖는 '관계와 협력'의 덕성이고 실천의지다. 따라서 성공의 비결이 된다.

이처럼 마음의 이치를 알아야 자기를 알고, 타인을 안다. 이성(異性)을 알고, 존재를 알게 된다. 여성을 아는 것도 그의 마음을, 그의 덕성을 이해하고 그대로 받아들이는 것, 그게 곧 아는 것이다.

인간의 마음, '관계와 협력'이다

어떤 사람을 안다는 건, 곧 그 사람의 마음을 아는 것이다. 더 정확하게 말하면 '마음의 법칙', '마음의 습관'을 아는 것이다. 얼굴을 알고 주소를 알고 누구의 아들딸이라는 사실을 아는 건 겉을 아는 것이다. 마음을 아는 것은 그 사람의 속을 아는 것이고, 육체의 주인을 아는 것이다.

과연 사람의 마음을 알 수 있을까? 천길 물속보다 깊은 사람의 마음을 알 수 있을까? 수시로 변덕을 부려대는 마음, 내 마음을 모르는데 사람의 마음을 알 수 있을까? 실로 난감하다.

그런데도 안다고 말하는 건 '마음의 법칙'을 안다는 것이고, '마음의 습관'을 안다는 뜻이다. '마음의 법칙'인 '관계와 협력'의 뜻을 안다는 것이고, '마음의 습관'인 '번뇌와 망상'의 허상, 그 무실성(無實性: 空)을 안다는 것이다. 이 두 가지의 공통점은 겉에 드러나는 당사자의 언행을 통해서다.

여기서 우리가 늘 쓰는 마음에 대해서 생각해 보자. 전성적으로 말해 '마음'이 있고, 개성적으로 말해 '생각'이 있다. 일상에서 우리는 마음과 생각을 구분 없이 쓴다. 그러나 자세히 살펴보면, 마음의 작용이 생각이므로 두 말이 다른 걸 금방 알 수 있다. 마음은 크고 전성적이며, 생각은 작고 부문적이라는 걸―.

마음과 생각을 바다로 비유하자면, 넓은 바다는 '마음'이고, 그 위에 끊임없이 일어나고 꺼지는 파도와 물거품은 '생각'이다. 바다의 파도가 끊임없어 그 소리를 '해조음'이라 하듯이 사람의 생각도 끊임없이 생멸(生滅)을 일으켜 '흐름'이라고 말한다.

이처럼 파도나 물거품으로 비유되는 생각에도, 여러 단계가 있다. 탐구적인 '사고(思考)'가 있는가 하면, 체계적이고 지적인 '논리(論理)'도 있다. 의지적인 결심이나 다짐 같은 '사상(思想)'도 있다. 그런가 하면 매우 일시적인 기분, 감정이나 쾌락, 느낌 등도 있다. 여기서 생각의 일관성이나 집중은 파도나 물거품을 넘어섬을 알아야 한다. 마음과 생각의 차이를 다음의 예화로서 좀 더 살펴본다.

어떤 스승 아래 제자가 있었다. 그들이 살고 있는 가까운 곳에 알지 못할 현상이 일어났다. 낮에는 뭉게뭉게 연기가 피어오르고, 밤에는 자욱한 안개처럼 아지랑이가 가득 서리어 있다. 제자가 가까이 다가 가보니까 중심부에서 거품이 부글부글 끓어오르고 있었다.

제자는 자신이 본 대로 스승에게 말했다. 그러자 스승은 제자에게, "칼로 거품을 거두어 내라"고 말했다. 제자는 거품을 거두어 내고는, "스승님, 거품을 걷어내니까 그 아래 거북이가 한 마리 들어앉아서 거품을 토해내고 있습니다"라고 했다. 스승은 제자에게, "그 거북이를 칼로 찍어서 들어내라"고 말했다. 제자는 곧 스승의 지시를 따랐다. 그리곤, "스승님, 거북을 걷어내자 그 아래에는 단단한 널빤지가 가로놓여 있고, 다시 그 아래에 커다란 용 한 마리가 있습니다. 어떻게 해야 합니까?"라고 물었다. 스승은, "그 널빤지도 칼로 찍어서 들어내라. 다만 그 아래에 있는 용을 다치게 해서는 안 된다. 건드리지 말고 천연 그대로 두라. 그 용이야말로 진정한 주인이다"라고 말했다.

- 고전

거품과 거북이와 널빤지를 제거하라고 한다. 용을 자유롭게 두기 위해서다. 이 이야기는 인간의 마음과 생각을 잘 설명해 주고 있다. 피어오르는 연기와 안개, 거품이 부글거리는 건, 다 생각의 유형이다. 낮에는 의식이 깨어서 이 일 저 일을 하니까 왕성하게 작용하고, 밤에는 일부 의식이 잠자니까, 안개처럼 멈추듯 드리워 있다.

168

온갖 번뇌나 숱한 망상은 거품이고, 거북이는 그 '번뇌 · 망상'을 일으키는 망념(妄念)의 주체인 무명(無明)이다. 그 아래에 있는 널빤지는 우리가 가지고 있는 형성되어진 고정관념이나 선입견의 두꺼운 중생습벽인 업(業)이다. 그리고 마지막에 있는 용이야말로 인간의 참 마음을 말한다.

여기서 주목할 건 번뇌나 망상도 결국 인간의 생각, 마음이라는 거다. 따라서 쓰기에 달렸다. 방향을 잡는 일만 남았다. 그렇다면 '번뇌 · 망상'은 결국 뭘까? '욕망의 눈'이 없는 것이고, '욕망의 눈'만 있으면 바른 방향을 잡는다. 곧 '관계와 협력'이 '욕망의 눈'이다.

구체적으로 말하면, 나와 남을 이롭게 하는 생각은 선근(善根)이고, 해서 선업(善業)의 행으로 발전시켜 키워 가야 한다. 좋은 생각이기 때문이다. '관계와 협력'이라는 '마음의 법칙'에 합치되는 순기능의 작용인 선업이다.

반면, 나와 남에게 해가 되는 온갖 생각은 번뇌 · 망상의 악근(惡根)이며 악업(惡業)으로 '마음의 법칙'에 어긋난다. 역기능의 작용이다. 퇴치해 가야 할 '마음의 습관'인 악업이다.

여기서 나에게 좋은 건 남에게도 좋고, 나에게 나쁜 건 남에게도 나쁜 것이다. 해서 나를 견주어 남을 생각하면 되고, 내가 싫은 일을 남에게 요구하지 않으면 된다. 이처럼 '마음의 법칙'은 명료하다. 명료하기에 쉽다. 오로지 욕망의 거대한 에너지에 눈을 달아

주는 것이다. 번뇌망상을 칼로 끊어버리거나 사정없이 쫓아내거나 지옥보내는 것이 아니라는 거다. 붙잡아서 눈을 달아주면 된다. 저절로 방향전환이 된다. 번뇌망상의 본성이 '관계와 협력'을 지향하고 있기 때문이다.

한 걸음 더 나아가면 '선(善)도 생각하지 말고, 악(惡)도 생각하지 말라'는 말이 나온다. 이 말은 선이나 악, 둘 중 어느 한 쪽에라도 생각이 치우쳐 있으면, 마음작용에 장애가 생긴다는 뜻이다.

그건 생각이 자유롭지 못해 선이 필요한 곳에 바로 나서지 못하고, 저항하고 징치해야 할 악 앞에서도 머뭇거리게 된다는 뜻이다. 그러므로 선이나 악에서도 초월하라는 가르침을 내보이고 있다. 마음을 무엇에 묶어두지 말고, 편히 두라는 말이다. 쉽게 말해 인간의 자유의지의 발휘를 위해서다.

마음을 잘 알지 않고는 이런 말을 이해할 수가 없다는 것을 알자. 초월은 선과 악에 무관심하라는 말이 아님을 분명히 알자. 다만 그 둘 어디에도 사로잡혀 고정시키지 말고, 자유롭게 두어 창의적으로 생각하고 용기 있게 행동하자는 것이다. 결국 선과 악을 지배하는 자, 명령하는 자, 그 근원자는 '관계와 협력'의 주인공인 자신의 마음이다.

공동체의 진화(進化)

인간이 존재한다는 건 마음을 쓴다는 걸 뜻하고, 마음을 쓴다는 건, '관계와 협력'의 실현을 말한다. 형성된 모든 것은 상의상관(相依相關)이기에 어떤 형태로든 '관계와 협력'은 불가분이다. 상대나 대상이 싫고 좋고의 일이 아니다. 그런 안이하고 이기적인 소망과는 무관하다.

따라서 '관계·협력', 이것은 둘이 아니다[不二]. 그러므로 관계 속에서 협력을 보고, 협력을 통해 관계에 도달한다. 그러므로 둘이되 둘이 아니지만, 그렇다고 하나라고 말해선 안 된다. 협력을 통한 관계의 향상, 관계를 통한 협력의 역할이 분명하기 때문이다. 이에 하나를 좋아하는 건 그르치는 일이고 '둘이 아님'을 좋아하는 건 바름이 된다.

해서, 독자들은 금방 알아차릴 것이다. 이 '관계와 협력'이 인류가 지녀야 할 문명발달의 공식이고, 되찾아야 할 인간성 회복이라는 사실을.

우리가 여기서 짚고 넘어가야 할 점은, 생각이 부족하거나 없다시피 한 동식물에서 돌이나 흙의 무생물에 이르기까지 모든 만물은 '관계와 협력'으로 자신의 존재를 드러내고 있다는 사실이다. 생물, 무생물을 떠나 존재는 인연으로 형성[假合]되었기 때문이다. 그럼에도 불구하고 그것들은 인간과 달리, 정해진 틀인 '윤회의 수레바퀴[無常: 변화]'를 넘어서진 못한다는 사실이다.

그것들은 '윤회의 수레바퀴', 곧 인과(因果)의 법칙이 갖는 운명(運命)을 한 치도 벗어나지 못한다. 단순히 물리력의 환경에 맞추는 적응으로 진화할 뿐, 그 진화를 의지의 정화(精華)인 '창조적 발전'으로 전환시키지 못한다. 아직까지 지구상에서 인간 이외는 창조적인 발전을 두드러지게 이룬 종(種)은 없다.

결국 인간의 창조적 발전이 가능했던 건 바른 생각인 '욕망의 눈' 때문이다. 이 의지적인 생각이 곧 '관계와 협력'이다. 따라서 '관계와 협력'은 정당하고 바른 생각이며, 바른 견해[正見], 바른 믿음[正信]이다. 비록 사람에 따른 생각의 차이가 있다 해도, 그건 겉보기이고, 그 밑바닥은 역시 바른 생각이다. 만약 누가, '인간성 회복'이라고 말하면, 바로 이 '관계와 협력'의 인간존재를 깨닫는 걸 의미한다.

우리가 살아가고 있는 고도의 과학기술문명이 지배하는 이 시대는, 무엇보다 정당한 관계의 인식과 양질의 협력의 노력이 요구되는 때다. 과학기술문명의 발달로 인해 공동체가 급속히 진화되었고, 물리력이 밀착되었다. 엉겁결에 당한 일이다.

여기서 뜻밖에도 '관계와 협력'의 당위성을 인간은 부지불식중에나마 깨닫게 되었다. 아랍에서 전쟁이 일어나면 그들만의 고통이 아니라는 것을 피부로 느끼게 되었다는 것이다.

이처럼 '관계와 협력'이 지닌 권능(權能)을 말이나 이론이 아닌 삶의 현실에서 강력히 요구받게 된 것이다. 과학기술의 발달로 되레 인간은 개인이되 개인으로 살 수 없다는 압박을 받게 된 것이다. 즉 개인이나 공동체의 대립과 갈등에서 고통이 온다는 사실을 알게 된 것이다. 여기에 대한 답은 이성적 판단을 요구 받는다. '관계와 협력'의 인간존재 회복으로.

이는 인류공동체의 미래는 약육강식의 '정글의 법칙'에 의해서가 아니라, 평화공존의 '관계와 협력'에 의하여 창조적으로 진화하고 있다는 사실을 의미하는 것이다.

결국 그걸 현대인들이 어렴풋이 깨달아 가고 있다는 것이다. 바로 이 '관계와 협력'이 인간존재의 '바른 생각'이고 '인간성 회복'이라는 사실을. 그리고 유일한 살 길이라는 것을.

인간본성이자 인간존재인 '관계와 협력'에 대한 현대사회에서 개인의 창조적 역할이나 올바른 기여는, 자신이 가장 잘 할 수 있는 일, 가장 하고 싶은 일을 찾아내서 도야하고 연마하는 것이다. 한 가지 일이라도 좋다. 그 일에 자아실현의 존재감과 전문가적인 충실성을 갖추고 있으면 된다. 비교적 생활상이 단순했던 과거에는 한 사람이 다양한 요소를 갖추는 걸[八方美人] 이상으로 여겼었다. 그렇지만 복잡하다시피 다양한 현대에서는 무슨 일이든지, 하고 싶은 일, 잘 할 수 있는 일 한 가지만 갖추면 충분히 '관계와 협력'의 자기존재감을 가질 수 있다.

이 같은 시대상에서 인간 사이의 순수한 협력을 위해서는, 무엇보다 관계[인간]에 대한 바른 생각과 믿음이 있어야 한다. 먼저 인간의 마음을 알고 생각을 알아야 한다. 인간의 덕성을, 상대의 장점을 알고 인정하고 같이 쓰는 것이다. 상대를 인정하고 존중하는 일이 함께 사는 공존이 되고 생존이 보장된다. 비로소 인간은 매우 자발적이고 헌신적인 '관계와 협력'을 공유할 수 있고, 인간 내면의 가치를 꺼내어 함께 쓸 수 있는 평화를 누리는 공존의 생존이 성취된다. 그러나 분명히 알아야 할 점은 겉의 조건으로는 한계가 있다는 거다. 똑같이 일하고 똑같이 나누는 것만으로는 뭔가 부족하여 오래 가지 못한다는 것이다.

드넓은 인생초원, 그 위에 수많은 개인들이 있고, 그 개인들은 '관계와 협력'에 의해 단위를 이루고, 단위는 보다 큰 단위로 형성되고 점차 진화해간다. 이를 '공동체의 진화'인 '역사발전'이라고 말할 수 있을 것이다. 이런 '관계와 협력'은 누가 시켜서가 아닌 인간본능으로서 자발적이다. 이렇게 '관계와 협력'의 정신은, 역사발전과 문명발달의 밑바닥에 자리하게 되어, 근원적인 동력이 되고 추진체가 된다. 다만 이 사실을 분명히 알아야 하고 깨달아야 한다. 방향이 분명해지기 때문이고 효율성을 가져서다.

인간은 언제 어디서나 상호관계와 상호협력을 본능적으로 지향한다. 이런 본능을 지닌 인간은, 무의식중에서도 또 다른 인간을 찾는다. 상의상관(相依相關)을 지니고 태어난 속성 때문이다. 그 단적인 예가 현대인이 안고 살아가는 '인간고독'이라는 병이 말해준다. 이 고독은 모든 정신질환의 뿌리가 되고 원인이 된다.

그러기에 '관계와 협력'을 토대로 한 크고 작은 인간공동체, 이건 과거부터 형성되어 진화를 거듭해 왔고, 지금도 계속되고 있으며, 미래에도 그럴 것이다.

인간은 좋든 싫든 인간끼리 모여 살면서, '고독의 병'을 극복해 간다. 부부끼리, 혈연끼리, 이웃끼리, 수많은 형태가 모여 결국 '나라[國家]'가 되었다. 해서 '관계와 협력'이 공동체 정신의 근원임을 스스로 알고 자발적으로 참여해야 한다.

지금은 나라와 나라가 연결되는 연합의 공동체로 가고 있다. 유럽을 묶어 내는 EU같은 형태다. 이런 시대적 변화와 흐름에 대한 인간철학인 '관계와 협력'만 재확립되면, 우리 인류는 전 지구적 인류공동체로 성장하여, 그야말로 '세계평화·인류행복'이 이루어지는 이상(理想)의 시대를 맞이할 것이다.

그렇다고 저절로 되는 일은 아니다. 지혜로운 방법이 있어야 하고, 거기에 모두의 줄기찬 노력이 뒤따라야 한다. 지혜와 자애-, 등이다. 이것들을 갖추는 것이 인간의 덕성, 나아가 풍부한 여성성을 활용하자는 거다.

이런 전제를 두고, 개인의 장점과 능력을 개발하여, 그것으로 '관계와 협력'을 도모하는 것이 개성의 실현이 되고 공동체의 안정과 창조적 성장에 기여가 되고 보람이 되어 개인의 존재가치를 가지게 될 것이다.

인간사회의 규모가 점점 커지다보니, 외연은 넓어지지만 역할은 더 섬세함을 요구받는다. 자연스럽게 수많은 '결합과 분화'가 수시로 일어나고 사라지는 과정이 반복되고 점점 그 속도가 빨라진다. 그건 인간의 역할과 기여에 따른 기멸(起滅)이다. 이처럼 문명의 진화에 따른 '형성·소멸'의 속도가 무척 빠르기에 정신의 혼란이 오는 것이고 삶이 갈팡질팡하는 것이다.

쉬운 예로, 벤처산업을 육성한다고 하면 큰 기업을 역할에 따라 소규모로 분할하는 거다. 보기에 따라서는 커다란 공동체의 해체와 같은 위기감이 들기도 히지만, 실지로는 발 빠른 소규모 공동체를 많이 형성해 더 큰 공동체에 활력을 불어넣는 거다. 여기엔 구성원들의 특장을 살려 사회나 국가공동체를 튼튼하게 강화한다는 의도가 저변에 깔려있는 것이다. 결국 소규모 공동체가 갖는 여러 장점을 적극적으로 살려보자는 의도적인 일이다.

　인간끼리의 관계를 깨달아 인간성을 강화하고, 개인의 능력을 적극 인정하여 협력을 강화하자는 단순하지만 중요한 의도가 담겨있는 일이다. 이로 보면 정예화된 많은 소규모 공동체가 국가공동체를 떠받치는 힘이 되고, 이건 새로운 삶의 방식이 될 수 있다는 거다.

　우리의 사고력 확장, 생각의 힘을 요구하는 옛 이야기 하나를 보자.

　옛날, 인도 바라나시 왕궁 숲에는 수백 마리의 사슴이 살고 있었다. 그 나라 왕은 사슴고기를 좋아해서 매일 활을 쏘아 사슴 한 마리씩을 잡았기에, 사슴들은 언제나 불안에 떨었다. 그 사슴들 중에는 〈니그로다〉라는 이름을 가진 크고 잘 생긴 황금빛 대장사슴이 있었다. 어느 날 〈니그로다〉 대장사슴은 왕에게 나아가서 말했다.

　"임금님께서 우리들 사슴무리에게 매일 화살을 쏘면 우린 불안에 떨어야 하니, 우리 스스로 순서를 정해 하루에 한 마리씩 도살장으로 나아가겠습니다." 왕은 허락하였다.

　어느 날, 새끼를 밴 암사슴의 차례가 되었다. 그 사실을 안 〈니그로다〉 대장사슴은 암사슴에게 말했다.

　"당신은 새끼를 낳은 다음에 오시오. 내가 대신 가겠소."

　그리고는 〈니그로다〉 대장사슴은 요리사 앞으로 나갔다. 평소에 왕은 이 황금빛 〈니그로다〉 대장사슴을 좋아했다. 요리사는 곧 그 사실을 왕에게 알렸고, 달려온 왕이 물었다.

"네 차례가 아닌데 어떻게 네가 도살장으로 왔느냐?"

〈니그로다〉 대장사슴이 사실을 말하자, 왕은 깜짝 놀라서 말했다.

"아, 너는 한갓 축생에 지나지 않는데도 그 사랑은 끝이 없구나."

왕은 〈니그로다〉 대장사슴의 살신성인(殺身成仁)에 크게 감동되어, 그 후로는 좋아하던 사슴고기를 전혀 먹지 않았을 뿐 아니라, 왕궁 숲에 있던 모든 사슴들을 초원에 풀어 주었다.

- 고전

결국 우리 사회는 '관계와 협력'을 바탕으로 하는 수많은 가족 공동체의 집합이다. 그리고 이 가족공동체는 새끼 밴 암사슴을 대신하여 목을 내놓는 모성(母性)에 기초하고 있다. 곧 여성의 덕성에 기초하고 있는 것이다. 그러나 모성을 빙자한 집단을 위한 희생이라고 생각하지 말자. 끝까지 '관계와 협력'이라는 사실에 초점을 두자.

그런데 지금 그 가정이 흔들리고 있다. 어찌 보면, 가정의 해체를 요구받고 있는지도 모른다. 거기엔 자본주의 경제제도가 한계에 노달했다는 뜻도 들어 있다. 무엇보다 분명한 건 인간욕망에 대한 바른 눈이 사라져 가는 어둡고 각박한 현실의 총체적 위기의 실상이다. 이 위기에는 자본주의의 한계보다 '욕망의 눈'의 상실, 이것이 먼저인 것 같다. 그건 바른 눈이 있으면 인간의 어떤 문제도 해결이 가능하다는 믿음 때문이다. 바로 '관계와 협력'의 바른 눈 말이다.

공동체가 어렵거나 위기의 때일수록 우왕좌왕 해서는 안 된다. 조금도 망설이거나 머뭇거리지 말고, 즉시 원칙으로 돌아가면 된다. 위기의 때에 믿을 수 있는 건 오로지 원칙뿐이다. 따라서 인간 존재인 '관계와 협력'을 인류는 다시 찾아 지녀야 한다.

그건 바로 남성과 여성, 곧 부부가 주인공이 되는 가족공동체의 재확립이다. 재편(再編)이라고 해도 좋을 것이다. 가족공동체의 재편은 철저하게 '관계와 협력'의 원칙으로서 추구되고 구성되어야 한다. 그걸 이 첨단의 문명시대가 요구하고 있다. 우리 사회는 지금껏 개인이나 공동체가 계약으로 유지되고 이뤄져 왔다. 이제 새로운 계약이 나와야 할 때라는 거다.

보다 자유롭고 평등하고, '관계와 협력'이 잘될 수 있는 획기적인 계약조항으로 서둘러 고쳐야 할 때다. 그건 바로 생각의 전환이고, '관계와 협력'의 바른 생각과 바른 믿음을 갖는 일이다. 인류가 서둘러 맺어야 할 진화된 지성계약인 '관계와 협력'이다.

결국 사람이 답이다

지구공동체의 가장 기초단위인 가족공동체, 그 한 축인 여성은 지혜와 자애의 정신문화를 갖추고 있다. 남편들은 이런 아내의 덕성을 충분히 인정하고 귀기울여야 한다. 인간존중의 바탕에서 가사(家事)부터 민주적으로 공동 분담 한다. 집안의 대소사와 육아는 말할 나위도 없다. 벌써 그렇게들 가고 있지만 좀 더 자발적이고 적극적으로 다소 서둘러도 좋겠다. 한없이 옳은 일이니까.

그러기 위해선 먼저 상대의 덕성을 충분히 이해하고, 마음껏 받아들여야 한다. 해서 부부는 현대문명을 선도하고 이용하는 삶을 살아야 하고, 시공을 초월해 진실마음으로 서로를 대할 수 있어야 한다.

현대사회가 남녀 역할의 구분이 모호해지는 시대이긴 해도, 양성이 신체적으로나 정신적으로 잘하는 건 기꺼이 서로 인정해 주고, 마음껏 칭찬해 줘야 한다. 시공의 융합인 바로, '지금·여기'에서부터 우린 새로운 삶을 열어가야 한다. 무엇보다 부부에게는 인간덕성을 존중하는 인간애가 가장 우선임을, 다시 알아야 하고 크게 깨달아야 한다. 사랑의 부부애에서 출발하여 광대무변한 우주적인 인간정신의 인간애로 결실되어야 한다.

1950년대, 자유당 시절. 유엔대사를 지내다가 외무부 장관이 된 어떤 사람이 귀국할 때 많은 사람들이 공항으로 마중을 나갔다. 그는 마중 나온 사람들과 일일이 악수를 했다. 그 가운데 노랑저고리와 다홍치마를 입은 한 부인이 환영객 중에 서 있었다. 그에게도 다가가,

"반갑습니다. 나 ㅇㅇㅇ이오"라고 정중히 인사했다.

그 때 부인 곁에 서있던 사람이 얼른 장관의 귀에 입을 대고 작은 소리로 말했다.

"장관님의 부인이십니다."

미국 유학길에 오를 때 갓 스물이었던 자기의 아내가, 환갑을 넘긴 초로의 할머니가 되어 그의 앞에 나타난 것이다. 그는 체면불고하고 자신의 아내를 와락 끌어안았다. 온갖 고초를 겪으면서도 시부모를 공경하며 남편인 자신을 기다려 온 아내 앞에서 그는 흐르는 눈물을 감출 수가 없었다.

- 김재일,『종이거울』

'노랑 저고리 다홍치마',

'평생을 홀로 지켜온 아내의 자리 - ',

이것은 옛날 수절(守節)이야기가 아니다. 우리 시대가 남녀 모두
에게 요구하는 새로운 인간의 모습인, 신인간상(新人間像)이다. 거
기엔 인간의 바른 정신인 무한한 '관계와 협력'이 있어서다. 겉의
형태를 말하는 것이 아니고 인간을 대하는 내면의 정신을 말하는
거다. 진정한 인간의 모습이고 부부의 모습이고 가족의 모습이고
사람의 모습이다. 우리가 찾아나서야 할 생명진실인 '관계와 협
력'의 참다운 모습이다.

지금도 그런 수절을 하라는 것이 아니다. 결국 사람이 답이고,
사람 속에 답이 있음을 말하는 것이다. 올바른 정신이 인간 삶의
답이라는 거다. '관계와 협력'이 말이다.

제5장

여성의 몸은 공덕신^(功德身)이다

별은 어둠 속에서 반짝이고, 보석은 밝은 빛 속에서 반짝이네 잘못된 생각이나 사상은 독소보다 더 치명적이다. 두고두고 사람을 갉아먹고 병들게 하고, 속박하고, 노예근성을 지니게 하여, 삶의 터전을 오염시킨다. 여성에 대한 편견도 그중의 하나다.

매우 오랜 세월 동안 남성들은 여성들에게 어질지 못했고, 여성들을 대함에 욕망을 순화하여 정채어린 정신세계를 확보하지 못했다. 심지어는 인류의 삶을 남성과 여성의 대립의 장으로 설명하는 경우도 있었다.

이제 그런 모든 걸 일시에 불식시키고 한달음에 평등성(平等性)에 도달하는 '관계와 협력'의 인간존재를 낭연히 드러낸다.

별은 어둠 속에서, 보석은 햇빛 속에서 모습을 드러내듯이.

여성의 마음

먼저 한 번쯤 생각해 볼 현실의 이야기를 인용해 본다. '남자의 성공은 여자가 쓰는 돈보다 더 많이 버는 것?' 제하의 글이다.

남자와 여자의 차이를 유머러스하게 꼬집는 말 중에 이런 것도 있다. 쇼핑할 때 남자는 꼭 필요한 1000원짜리 물건을 2000원에 사온다. 여자는 별로 필요하지 않은 2000원짜리 물건을 1000원에 사온다. 여자는 남자가 결혼 후 변하길 바라지만 남자는 변하지 않는다. 남자는 결혼 후 여자가 안 변하길 바라지만 여자는 반드시 변한다. 성공의 기준도 다르다. 남자의 성공은 여자가 쓰는 돈보다 더 많이 버는 것이다. 여자의 성공은? 그런 남자와 결혼하는 것이다.

제아무리 21세기가 찾아온 지 한참 됐고 페미니즘 담론이 널리 퍼졌어도 남자는 돈, 여자는 매력이라는 공식은 여전한 것 같다. 여자들이 남자의 외모를 본다 해도 기껏 키 정도다. 외국의 최근 연구결과들도 동서양을 막론하고 고학력 현대 여성은 경제력이 강한 남자 배우자를 선호하는 반면, 남성은 여성의 신체적 매력을 추구한다고 결론짓는다. 게다가 전문직·관리직 중에서도 가장 높이 오른 남성의 배우자는 대개 직장을 다니지 않는 전업주부란다. 남편은 육아·요리·청소를 분담할 필요 없이 자기 일과 경력관리에 집중하고, 부인은 육아와 자기 매력 가꾸는 일에 전념하는 분업체제가 더 효율적이기 때문이라고 한다(캐서린 하킴, 『매력자본』).

우리나라에서도 꽤 여유 있는 집들은 부인이 전업주부로서 들어앉아 아이 교육에 몰두한다. …중략…

인생엔 경제력과 외모 말고도 중요한 것이 너무나 많다. 지레 움츠러드는 젊은이들도 미욱스럽지만 젊음이 활개칠만한 사회를 만들어주지 못하는 어른들도 문제다.

— 2013. 2. 22. 『중앙일보』 오피니언35

사람은 환경에 재빠르게 적응한다. 시대의 흐름과 변화에 발맞춘다. 물론 그 시대는 사람들이 만든다. 좀 더 정확하게 말하면 사람들의 생각이 시대를 만들어가는 거다. 어떤 시대를 만드느냐 하는 것은, 그 시대의 사람들이 어떤 생각을 가지고 있느냐다. 만약 시대에 문제가 있다면, 시대를 바꿀 게 아니라 사람의 생각을 먼저 바꿔야 한다는 말이다. 시대의 유행을 쫓느라 원칙에서 멀어진 사람의 생각을 되돌려 원칙으로 가져가야 한다는 뜻이다. 과연 가능할까? 도도히 흐르는 물을 거꾸로 돌려놓을 수 있을까. 가능하다. 돌릴 수 있다. 물은 부드럽지만 형체가 있고 생각은 형체마저 없어서 돌려놓기가 물보다 더 쉬울 거니까.

매우 오래 전부터, '여성은 남성의 고향'이다. 이런 사실을 새삼 생각해 보거나 강조하여 말하지 않았어도 결과는 항상 그랬다. 해서 여성은 남성에게 그리움의 대상이다. 남성이 갖는 그리움은 태생적인 육체의 본능일지도 모르지만, 심리적인 점이 먼저다. 그렇지만 실제로 육체와 정신은 분리가 안 된다.

여기서 말하는 건 남성이 어머니인 여성에게 태어났다고 그런 것이 아니라는 거다. 여성은 겉보기엔 약하지만 남성을 품어낼 수 있는 부드럽고 너그러운 포용력이 있기 때문이다. 사람을 받아들여주는 여성의 부드러운 마음, 포용력이 고향을 방불케 한다는 거다.

따라서 여성은 자부심이 가득하다. 이 자부심으로 여성성은 더욱 빛을 뿜는다. 여성들의 마음 속 밑바닥에 있는 여성 특유의 이 자부심을, 남성들은 잘 인지하지 못한다. 조금이라도 눈치를 채면, 그 순간 여성을 대하는 태도가 매우 달라질 것인데도.

여성은 정신적으로 그만큼 유연하다. 언제나 자애로운 인성(人

性), 어머니 마음의 포용력으로 남성을 대한다. 여성의 나이가 어리고 남성의 나이가 월등히 많아도 여성의 포용력은 줄어들지 않는다. 남성을 어린아이 대하듯 한 수 아래로 볼 수도 있다는 거고 나이를 초월한 불가사의 심리작용을 갖추고 있다는 뜻이기도 하다.

그런 유연한 심성의 여성들은 사람을 대하는 태도부터 자애롭다. 그렇지만 늘 자애로운 것만은 아니다. 여성의 자부심을 인정해주지 않는 행동, 여성인 자신을 함부로 대하는 행동을 보게 되면, 어느새 여성의 마음은 저절로 닫힌다.

남성이 여성의 마음을 얻지 못하면 여성은 남성을 사랑하지 않는다. 혹시 그런 상태에서 결혼을 하게 되면, 여성은 마음을 주지 않고, 속으로 백안시하기까지 한다. 어쩌면 재수 없어서 생긴 한 때의 악연 정도로 생각하며, 한 생을 안 난 셈 치고 살아 줄지도 모른다. 한 생을 포기하며 살아 줄 수 있는 여성의 마음 크기와 결심은 남성들로서는 도저히 이해가 안 될 것이다.

그러다가 아이가 태어나면 아이를 보고, 우연히 옛 연인이라도 다시 만난다면 그리로 기울어져, 연모를 가슴에 안고 산다. 공허한 웃음을 억지로 시으며 겉으로만 산다.

이런 사실을 미루어볼 때, 여성의 마음은 강제로 얻을 수 없다. 여성만이 가지고 있는 정신적인 특성, 밑바닥에 깔린 자부심을 인정하고 북돋워줘야 한다. 이 자부심을 알아주지 못해, 여성의 마음을 끝내 얻지 못하면 부부로 평생 살아도 허전하다. 마음을 다해 인생을 살아보지 못한 아쉽고 허무하고 불행한 삶이 된다.

　대개의 남성들은 여성의 몸을 얻으면 모든 건 시간이 해결해 줄 거라고 믿는 경향이 있는데, 심한 착각이다. 아무리 시간이 흘러도 여성 자신의 존재감인 자부심 상실의 아쉬움이 채워지지 않는다. 어둠 속에서 빛을 잃어가는 보석처럼, 여성들의 마음은 남성들, 서로의 몰이해와 무관심 속에 점점 내면의 빛을 잃어간다.

　별은 어둠 속에서 반짝이고, 보석은 밝은 빛 속에서 반짝이네. 별은 하늘이 밝을수록 그 빛을 잃고, 보석은 주변이 어두울수록 그 빛을 잃네.

　별과 보석 -, 가만히 살펴보니, 우리들 희망과 양심을 닮았네. 어두울수록 반짝이는 나의 희망은 별을 닮았고, 밝을수록 반짝이는 나의 양심은 보석을 닮았네.

- 이규경,『배고프면 밥 먹는다』

여성이 선택한다

여성이 남성을 선택하는 건 맞는 말이다. 여성에게 진실을 보였을 때만, 남성은 여성에게서 선택됨을 입는다. 어쩌면 인간만이 아닌 모든 생명체의 공통점이기도 할 것이다.

이 점에 대해 남성들은 부당하다거나 억울하게 생각하지 말아야 한다. 남성을 진실의 세계로, 결국 언제나 그리운 고향으로 이끌어 주는 게 여성이니까. 그리고 남성은 진실을 흔쾌히 받아들이면 되니까. 걸고, 어려운 일이 아니다.

여성은 남성에게 진실을 발견하면 망설이지 않고 마음을 연다. 그러므로 남성이 두드러진 매력의 소유자라고 해도 진실에 기초하고 있어야 한다. 상대 남성이 비록 천하의 추남이라도 진실을 보이면 흔연히 다가가 손을 내민다.

여성들이 남성들에게 잘 속아 넘어가는 것도 진실을 좋아하고, 잘 믿기 때문이다. 진실을 믿고 싶어 하고 받아들이고 싶어 하는 것은 여성들의 강한 내재욕구다. 남성들은 여성의 이 점을 인정하고 존중해야지, 이용하려 해선 안 될 일이다. 함께 불행해지니까.

지나간 것에 속지 말자. 지나간 것은 이미 사라진 것이다.
오지 않은 것에 속지 말자. 아직 오지 않은 것은 없는 것이다.

잠깐 머무는 재물에 속지 말고, 영원히 살 것 같은 자기에게 속지 말자.
잠깐 머무는 재물은 곧 사라질 것이고, 영원한 것은 있을 수 없는 것이기에 —.
오로지, '지금·여기' 만이 인간진실의 실재다.

— 이규경, 『마음』

진실에 기초하기에 남녀관계에서 최후의 선택, 결정적인 선택은 여성의 몫이라는 거다. 이 사실도 진리다. 그 누구도 이 사실에서 예외일 수가 없고, 그런 사실을 바꿀 수도 없다. 따라서 여성들의 천부적인 권리라고 해도 좋을 것이다.

그러나 다행스럽게도 여성들의 선택은 남성들에게 까다롭거나 어렵지 않고 되레 쉽다. 진실이 커 보이면 다른 건 작아 보여서다. 따라서 남성은 진실로 돌아가면 된다. 바보도 공주를 얻을 수 있었기에 —. 자신감을 가지면 된다.

만약 남성이 진실하지 못하다고 판단하면, 여성은 자신의 진실을 드러내지 않는다. 속마음을 열지 않는다. 남성은 평생 같이 살아도 그걸 이해하지 못한다. 여성의 심리가 복잡하다거나 오리무중이라고 치부하고 만다. 생각해보라. 까닭 없는 일이 어디에 있겠는가? 잠시 곰곰 따져보기만 했어도 답을 얻을 것이다. 선택권은 여성에게 있고, 선택의 기준은 진실이라는 걸.

여성에겐 진실이 이처럼 중요한데도 남성들은 태연하다. 여성을 모르기 때문이리라. 해서 여성이 그저 말없이 지내면, 남성은 그러려니 대충 넘어 간다. 진실여부와 사실여부에 경각심을 갖지 않고선.

여성은 남성을 사랑하지 않으면서도, 한 생을 너끈히 살아 줄 수 있는 시간적인 스케일과 심리적인 천연덕스러움이 있다. 이런 점을 또 다른 자애로움이라고 해야 할까?

그런 것이 여성이 가지고 있는 보이지 않는 사회성, 타고난 적응력이라고 할 수도 있겠다. 감춰진 능력, 저력이라고 해도 좋겠다.

그러나 그 실체를 알고 나면 무서울 정도다. 이처럼 진실에 대한 이해와 태도가, 남성과 여성은 판이하게 다르다. 두드러진 양성의 차이점이나 거리라고 해 두자.

여성의 현실감각과 생존본능

누차 말했지만, 여성이 선택한다. 여성이 남성들에 대한 선택권을 행사한다. 이것이 생명체의 본능이고 마음의 진실이다. 그런데도 겉으로 보기에는 남성들이 선택을 누리는 것으로 되어 있다. 일방적이고 임의적인 남성 우위의 오랜 문화습관과 사회적인 관행 탓이리라 본다.

그럼에도 불구하고 여성들은 잘 참고 견디면서 덕성을 발휘해 왔다. 생면부지의 모르는 사람을 만나도 여성은 친절하다. 타고난 여성들의 진실성이다. 생존방식이라 해도 좋겠지만.

이런 여성들의 인내와 지혜의 힘에 의지해 부부는 서로 맞추면서 살아갈 수 있지 않을까.

한쪽은 크고 한쪽은 작아도 서로 잘 맞아 돌아가는 톱니바퀴.

한쪽은 동작이 빠르고 한쪽은 동작이 느려도 서로 잘 맞아 돌아가는 톱니바퀴.

이처럼 부부는 톱니바퀴로 산다.

한쪽이 돌면 따라서 돌고, 한쪽이 서면 따라서 서는-,

모양과 크기는 서로 달라도 둘이 하나가 되어 돌아가는,

톱니바퀴로 사는 인생이, 부부다.

- 이규경, 『복』

남성이 여성에게 갖는 착각이나 몰이해는 문화습관일 수도 있다. 그러나 그보다는 남성이 갖는 본능적인 '단순함' 때문일 수도 있다. 남성들은 가능한 많은 생명을 전파하고픈 본능을 태생적으로 가지고 있다고 과학자들은 말한다.

그러나 생명육성기능을 가진 여성은 입장이 완연히 다르다. 당연히 다를 수밖에 없을 것이다. 생명육성은 몸 바쳐 버티어야 하는 현실이기 때문이다. 가장 우수한 종자생명을 받아들이는 일로부터 양육에 이르기까지, 현실적이지 않은 게 없고 현실적이지 않을 수도 없다. 그런 여성을 속물근성을 가졌다고 오해해서는 안 될 것이다.

아무튼 이 현실감각은 무서울 정도의 생존능력을 발휘한다. 도

무지 거짓이 통하지 않는다. 일시적으로는 여성이 남성에게 속아 넘어갈진 몰라도 결국 들통이 난다. 여성의 몸과 마음에는 전파수신기인 안테나 같이 선험적인 감지능력을 지니고 있어서, 필요에 따라 즉시 작동시킨다. 여성의 몸과 정신이 갖는 직감(直感)이다.

　여성은 보고 듣고 생각해서 알기 전에 직감을 통해서 먼저 안다는 사실을 남성들은 숙지하자. 여성들에게는 미세한 전파음향도 감지하는 안테나 같이 직감을 발동시켜 현실을 인지하는 비상한 능력이 있다. 따라서 현실 적응의 생존능력이 탁월하다. 남성을 앞지른다.

여성 몸은 공덕신(功德身)

모든 생명체의 번식기능은 암수로 되어 있다. 한 몸에 둘의 기능을 갖거나, 아니면 독립된 각각의 기능으로 탄생한다. 따라서 여성이나 남성도 암수의 범위 안에 있다. 암컷은 생명육성의 담당체로, 수컷은 생명전파의 담당체로 바라볼 필요가 있다. 너무 도식적인 접근이라고 해도 달리 어찌 설명할 수 없다. 다만 서로의 역할과 기능을 공정하게 이해하고 받아들여, 상대를 더욱 공정하게 대하기 위해서다.

한때 사람들은 여성의 몸을 '업신(業身)'이라고 폄하했다. 과거 생에 저지른 잘못된 행위[業]의 결과로서 받은 수고로운 몸이라는 것이다. 그래서 다음 생에는 남자 몸 받기를 원했고, 심지어 여성

196

이면서도 여아를 낳으면 슬퍼하기까지 했다. 사회적인 분위기 탓일 거다. 안타깝게도 지구의 인류에게 그런 세월이 매우 길었다.

어떤 아들이 늙은 어머니를 등에 업고 꽃구경을 하러 산으로 올라갔다. 그러나 사실은 꽃구경이 아니라 어머니를 내다버리는 고려장(高麗葬) 길이었고, 이는 미개한 시절 한 때의 풍속이기도 했다.
등에 업힌 어머니는 자신을 업고 가는 아들이 힘들어 하는 것이 못내 가슴 아팠다. 아들이 산속으로 점점 깊이 들어가자 어머니는 등에서 손을 뻗어 솔잎을 따 띄엄띄엄 길에 뿌렸다.
"어머니, 솔잎은 왜 따서 길에 뿌리십니까?"
아들이 묻자, 등에 업힌 늙은 어머니가,
"돌아갈 때 네가 길을 잃어버릴까 봐 걱정이 돼서 그런다"라고 했다.
아들은 어머니를 산속에다 버리려 했던 자신을 책망하고 뉘우치며, 어머니를 업고 다시 산을 내려왔다.

- 민담

'자식을 위해서 솔잎을 뿌리는 어머니 -,'
'자신의 죽음을 알면서도 자식 걱정이 앞서는 어머니 -.'

업보신(業報身)으로서 이것이 가능할까?
악업의 결과로 받는 여자의 몸으로서 이것이 가능할까?
알고 보면, 깨닫고 보면, 여성의 몸은 '공덕신(功德身)'이다.

수많은 세월 사랑과 헌신의 공덕으로 만들어진 빛나는 '공덕신'
이다.

'성인의 몸' '보살의 몸' '마리아의 몸'이라 해도 좋을 것이다. 그
래서 어머니는 생명을 육성할 수 있고, 그래서 아내는 여태껏 묵
묵히 가정을 지키며, 자식을 길러 내 인간사회에 기여했던 것이다.
이제 그 공덕신은 만방의 방방곡곡에서 빛을 발하는 시대다. 찬
란한 문명시대의 주인공으로서 말이다.

'남자답다'라는 말

　'남자답다'라는 말은 남자들이 여자들보다 물리적으로 '힘이 세다'는 뜻으로 쓰고, 받아들여진다. '힘이 세고 용기 있고, 싸워서 이기고-', 좀 유치하다. 또 '남자답다'라는 말은 남성들이 자신들의 편의를 위해 만든 언어로 여겨진다. 남성 자신들이 보다 쉽게 행동하기 위해서, 여성들을 쉽게 지배하기 위해서 자의(恣意)적으로 해석되고 있는 것으로 보인다.

　우리 주변을 살펴보면, 이치에 닿지 않은 것들도 남성들은 공공연히 '남자답다'를 내세워 관철하려 든다. 일종의 허세를 부리는 거다. 사회생활 가운데 이런 관행적인 누습과 폐풍들이 아직도 많다. 거개가 '남자답다'는 틀에서, 또는 그걸 전제한 것에서 행세하려고 한다. 이젠 남성들 스스로가 좀 더 촉각을 곤두세워 경계해야 할 일이다. 아직도 '남자답다'가 남성들의 대표성과 우월성인 것으로 주변에 인식되어 있어서다. 그러나 앞으로는 그런 생각들이 자리할 공간이 없어질 거 같다. 강제 퇴출보다 스스로의 포기가 처신에 가산점이 따르지 않을까?

늙은 인디언 추장이 손자에게 자신의 내면에서 일어나는 '큰 싸움'에 대해 이야기하고 있었다. 그런데 이 같은 싸움은 나이 어린 손자의 마음속에서도 일어나고 있다고 말했다. 손자가 궁금해 하자, 추장 할아버지는,

"애야, 우리 모두의 마음속에서는 두 마리의 늑대가 항상 싸우고 있단다. 한 마리는 악한 늑대로, 그 놈이 가진 것은 화 · 질투 · 슬픔 · 후회 · 탐욕 · 거만 · 죄의식 · 회한 · 열등감 · 거짓 · 자만심 · 우월감 · 자기 동정, 그리고 이기심이란다.

다른 한 마리는 좋은 늑대인데, 그가 가진 것들은 기쁨 · 평안 · 사랑 · 소망 · 인내심 · 평온함 · 겸손 · 친절 · 동정심 · 아량 · 진실, 그리고 믿음"이라고 힘주어 말했다.

– 인디언 설화

'남자답다'는 것이 혹시 우리 속의 '악한 늑대'를 드러내는 것은 아닐까? 진정한 용기와 승리는 '남자다움'에서가 아니라, '인간다움'에서 오는 것, 곧 '관계와 협력'에서 오는 건 아닐까? 이 대명천지의 지성과 문명사회에서 – .

'여자답다'라는 말

'여자답다'는 무엇일까?

'여자답다', '여성스럽다'는 말은 무엇을 암시하는가?

'여자답다', '여성스럽다'는 흔히, '유순하다 · 부드럽다 · 순종하다 · 나약하다' – , 이런 뜻으로 통한다. 애처롭게도–.

곰곰 생각해보면 '여자답다'에는 여자를 틀에 가둬 놓으려는 느낌을 강하게 받는다. 지금껏 여자는 묶여서, 살림 잘하고, 집 잘 지키고, 아이 잘 키우는 것으로 살아왔다. 여성의 역할을 제한하고, 그 틀 가운데서 만족하며 행복을 찾고 살아온 것이다.

그러나 이제부터는 여성의 덕성인 여성성을 틀에 가둬 제한하여 쓰지 말고 개방하여 공유하자는 거다. 어미 곰의 희생정신을 모성에만 가두지 말고, 남녀 모두의 인간성으로 미덕으로 향상시키자는 거다.

한 사냥꾼이 산에서 어미 곰 한 마리를 발견하곤 총을 겨누었다. 그런데 곰은 사냥꾼이 총을 겨누고 다가가는 데도 꼼짝을 하지 않았다. 얼핏 이상하다는 생각이 들어 조심스럽게 다가간 사냥꾼은, 눈앞에 펼쳐진 광경을 보고 깜짝 놀랐다. 어미 곰은 커다란 바윗돌을 앞발로 밀어 올린 채 죽어있었고, 그 아래서는 새끼 곰들이 가재를 잡아먹으며 즐겁게 놀고 있었다.

어미 곰은 새끼들이 바위에 깔려 죽을까 봐, 새끼들을 지키기 위해 돌을 밀어 올린 채 버티다가 끝내 죽고만 것이다. 어미 곰은 바위에 내리눌려 끝내 죽었지만, 새끼들은 위험에서 빠져나왔다.

그 광경을 바라본 사냥꾼은 어린 새끼들을 고이 놓아 보내주었다.

- 김재일, 『종이거울』

'여자답다'에 채워진 사회적 개인적 족쇄를 남성도 알아야 하지만, 여성은 더 먼저 알아야 한다. 지금까지 자신들의 덕성을 스스로 평가설하한 일차적인 잘못을 여성들은 일정부분 인정해야 한다는 거다.

좀 더 자세히 보면, 여성이 '여자답다'는 말에 안주하여 편하게 살려는 자기설정을 앞장서서 했는지도 모른다. 화장하고 예쁘게 차려입고 목숨걸고 얼굴 성형을 하고 곱게 말하며, '여자답다'를 마냥 뽐내고 행복해 하며, 거기에 안주해 살았는지도 모를 일이다.

따라서 여성들 스스로가 행한 자신들의 '여자답다'가 주는 능력 제한은, 사회발전이나 국가번영, 인류문명발전에 손실을 초래했음을 알아야 하고, 아쉬워해야 하리라. 사람은 반성으로부터 새로운 시작이 있고, 바로 거기에 미지(未知)가 주는 무한가능성의 초원이 펼쳐져 있으니까.

필자는 인간교육의 가장 먼저인, 태교에 관심을 가진 뒤부터 남성보다 여성을 더 많이 가르쳐야 하고, 두뇌를 더 개발해야 한다는 입장에 서게 되었다. 여성의 잠재능력과 덕성을 개발하는 것도 그렇지만, 태어날 2세를 위해서는 더욱 그렇다고 본 때문이다.

여성의 타고난 지적인 능력과 남을 배려하는 교양수준은 자신을 더욱 향상시킬 수 있고, 태아에게 그대로 깊은 영향을 끼쳐 태아의 신체적 정신적 형성으로 갈 수가 있어서다. 훌륭한 품격을 지닌 인간출현은 온 인류의 염원이고 지구의 축복이니까.

제6장

함께 사는 삶

움켜쥔 손 펴라

움켜진 손 펴라

두 손을 뻗어 마음에 드는 물건을 꽉 움켜잡았다.

움켜잡은 물건을 놓치지 않으려면 계속 손에 힘을 주고 있어야 한다.

그런데 마음에 쏙 드는 더 좋은 물건이 저쪽에 나타났다.

그 물건을 잡으려면 부득이 지금 움켜잡고 있는 손을 펴야 한다.

잔뜩 움켜쥔 손으로는 더 좋은 것을 잡을 수 없다.

빈손이어야 새로운 것을 더 많이 가질 수 있는 것처럼,

욕심을 버려야만 더 귀한 것을 얻을 수 있기에다.

보물을 보물답게 대하려면 욕심을 버려야 한다.

- 이규경,『몸』

다치게 하지 말라

만약에 땅이 생각을 한다면, 좋은 씨앗이 자신에게 안기기를 간절히 원할 것이다. 여성이 남성을 선택함에도 땅과 같을 것이다. 따라서 여성은 남성을 선택함에 현명해야 한다.

그에 비해 남성은 어떤 여성을 만나든 일차적인 목적은 이룰 수 있다. 여성은 입장이 사뭇 다르다. 자신의 온 몸으로 아기를 안아 들여 자기의 목숨과 나란히 두어야 하기 때문이다.

따라서 여성은 남성을 보는 타고난 감식안(鑑識眼)이 있다. 그 감식안은 신체적인 조건보다 정신세계를 잘 갖춘 남성을 원하고 찾고 기다린다. 덕성을 고루 갖추고, 자신을 변함없이 사랑해 줄 수 있는 믿음직하고 진실한 남성을 원한다. '진실한 마음'을 원하는 것이다. 만약 그런 상대가 한국에 있다면, 저 멀리 베트남에서도 남미 페루에서도 낯설고 물선 이역만리의 먼 길을 두려워하지 않고 마다 않는다. 와서 너끈하게 살아낸다. 놀랄 정도로 잘 살아낸다. 그런 여성들이 고맙기도 하지만 두렵기도 하다. 여성의 섬섬한 마음과 연약한 자태가 경이로워서다. KBS '러브 인 아시아'의 프로그램이 증인인 셈이다.

도박을 좋아하는 사람은 손을 잘라도 도박을 한다.

손이 도박하는 것이 아니라 마음이 도박하기 때문이다.

죄짓고 벌 받으러 가는 사람이 부끄럽다고 손으로 얼굴을 가린다.

마음이 죄지었는데 손으로 얼굴을 가린다고 마음이 가려지지 않는다.

되레 손 뒤에 살큼 숨는다.

또, 저 사람은 손버릇 나쁘다. 이 사람은 손이 크다는 말이 있다.

이 역시 마음이 그렇다는 말이다.

아무리 고운 손이라고 해도 나쁜 짓 하는 손은 고운 손이 아니고,

아무리 거친 손이라고해도 좋은 일하는 손은 거친 손이 아니다.

아무래도 손의 주인은 따로 있는 것 같다.

최고를 표현할 때 엄지손가락을 세운다. 꼴찌를 가리킬 때 새끼손가락을 세운다.

그렇다면 최고와 꼴찌는 어디 있을까? 알고 보니 손바닥 안에 있다.

좋은 생각, 나쁜 생각, 귀한 생각, 천한 생각은 모두 어디 있을까?

다 내 마음에 있다. 멀리 떨어져 있지 않다.

좋은 마음 옆에 나쁜 마음이 있고, 귀한 마음 옆에 천한 마음이 있다.

이 마음 깨달으면 그게 바로 최고,

이 마음 깨닫지 못하면 그게 바로 꼴찌.

- 이규경,『몸』

여성은 어느 때나 '진실한 마음'을 최우선으로 삼는다. 이 점도 천부적이다. 진실이야말로 한평생의 보물이라는 사실을 태어날 때부터 알기 때문일 것이다. 아이를 키워보면 사내아이와 여자아이는 같은 나이여도 차이가 난다. 선험적으로 타고난다는 증명인 셈이다. 진실에 대한 호감이나 선호도와 변별력은 여성이 사뭇 우성(優性)으로.

따라서 남성의 진실이 여성에게 전달되었을 때, 여성은 상대 남성이 가진 조건을 무시한다. 비록 천하의 추남이라도 나이 많은 남자라도 개의치 않고 일생을 함께 한다. 진실은 여성 자신의 문제만이 아닌, 장차 목숨 걸어 낳을 2세까지 해당된다는 걸 태생적, 유전코드로 알고 있어서일 거다. 여성들이 목숨을 거는 정절도 진실에 기초한다.

과연 남성들은 여성들의 이런 현실적인 입장과 절실한 마음을 이해할까? 아무튼 이런 점에서 보면 여성이 갖고 있는 삶의 자세는 너무나 분명하고 당당하다. 어떤 말로 그 누구도 이의를 달거나 토를 부칠 수가 없게 된다. 이게 여성이 갖는 사람 보는 눈, 남

209

자 보는 눈이다.

그들은 이 눈으로 사랑의 세계를 꿈꾸고 행복의 보금자리인 가정에 대한 밑그림을 그린다. 여성의 정신이 이미 거기까지 가 있기에 남성보다 더 성숙해 있고, 더 많은 덕성을 갖추게 되었을 것이다.

이런 점을 하나하나 살펴보면 여성의 생각이 얼마나 규모 있고 치밀한가를 누구나 짐작할 것이다. 여성의 빼어난 정신세계이고, 뭇 남성으로부터 존중받고 보호받아야 할 삶의 바른 자세다.

남성들이 여성의 이런 점을 이해하고 존중했을 때, 여성들의 덕성이 유감없이 발휘될 뿐 아니라, 거의 무조건적인 협력과 봉사가 회수분으로 뿜어져 나온다. 또한 남성들은 여성을 단순하게 성적으로만 보지 않는 새로운 눈, 높은 인간안목이 생길 것이다.

무엇보다 여성들이 얼굴을 뜯어고치려고 뼈를 깎아내는 위험한 일도 덜하게 될 것이다. 어서 빨리 여성들 내면의 덕성을 십분 이해하여, 외모에 목숨 걸어야 하는 절박한 심정으로 사지(死地)에 뛰어드는 여성들을 구해내야 하리라.

심리적으로 이와 같이 치밀한 여성, 따라서 그 몸도 섬세하다. 단순하지 않다. 여기서 '단순하지 않다'라고 하는 것은, 남성과의 신체적 구조와 기능비교다. 몸 자체가 섬세하고 정교하다. 생명을 잉태하고 양육할 수 있는 만반의 준비를 갖춘 몸이기 때문이다.

여성의 몸 안, 가장 그윽한 곳에 아기가 지낼 수 있는 안락하고 완벽한 궁전을 갖추고 있고, 먹여 살릴 양식을 저장하는 창고도 있다. 이런 기능을 제대로 작동시키기 위해선 일사불란하고 섬세할 수밖에 없다. 우주선보다 여성의 몸이 더 정교하다. 우주선은 인간의 손이 만들지만—.

유리잔은 잘 다루지 않으면 깨지기 쉽다. 섬세하고 화려한 여자의 몸도 그렇다. 이 점에 대해 여성도, 남성도 충분히 그 사실을 이해하고 존중하며 보호해야 한다. 이게 남성인 남편의 일차적인 자격이고 의무이리라. 개인적으로뿐 아니라 사회적으로도 존중하고 보호하는 장치를 더 마련해야 한다. 남성은 여성의 몸에 대해서 어떤 경우에도 몰이해나 무례함을 저질러서는 안 된다. 반생명적이고 반인륜적이며 비문명적인 행위여서다.

남성들이 가정에서 '관계와 협력'의 인간존재를 실현하는 일차적 역할은 여성의 몸을 보호하는 일, 이 고귀한 일을 아비는 아들에게 몸소 행동으로 보여 줘 유전상속(遺傳相續)해야 할 것이다. 강남의 높은 빌딩보다 더 빛나는 유산이 되리라.

부부가 함께 산다는 것

사람에게 생각이 없다면 이미 사람이 아닐 것이다. 생각은 사람의 특권이자 책임이다. 그러기에 무슨 일이든지 생각해 본 것을 행동하게 된다. 뛰면서 생각하라는 말은 이미 경험했던 것에 의해서만 가능하다. 인간의 생각과 행은 알게 모르게 저장되기 때문이다. 무심코 하는 행과 무심코 하는 생각 역시 저장되어 다음 생각에 직간접으로 영향을 미친다.

심지어 부지불식중에도 미미한 땀 냄새로 사람을 움직인다는 말도, 결국 생각의 진제인 저장된 기억을 의미한다. 여기에 대한 흥미로운 보고서를 본 적이 있다. 사람의 땀 냄새로 상대의 성격을 파악한다는 것이다. 이건 좋은 배우자를 만나기 위한 오랜 진화의 결과로 보인다. 생각의 추구, 그에 따른 생각의 발전을 의미하고 있는 것이다.

지난 2005년 영국과 체코 연구진은 여성은 가임기에 지배성향이 강한 남성의 냄새에 끌린다는 사실을 밝혀냈다. 지배적인 성향의 남성은 배우자나 자식에게 더 좋은 환경을 만들어 줄 가능성이 크다는 것이다. 남성에 대한 기대어린 오랜 생각의 축적, 거기에서 나온 판단일 것이다. 또 남성은 여성의 생리기간 때보다 가임기일 때의 냄새를 더 좋아하는 것으로 나타났다고 한다.

이처럼 사람의 생각은 의식적이든 무의식적이든 사람의 행을 지배한다. 따라서 인간에게 '사랑'은 지극히 정신적이다. 사람이 갖는 최고의 생각, 정상의 정신단계는 '사랑'이라는 말이다.

매우 당연한 말이지만 정신적인 사랑이 충만했을 때, 비로소 육체적인 사랑의 행위도 가능해진다. 의당 순서가 그렇다는 거고 그래야 한다는 거다. 이런 특성은 정신적인 인간을, 더욱 정신적인 인간답게 강화하는 요인이다. 특히 여성들에게는.

사람의 생각, 부부의 생각을 편지 글에서 본 적이 있다. 그 편지 글에 있는 생각대로 행도 그랬다.

"우리는 늘 서로에게 말했지요. 다음 생(生)이 있다면 그 때도 둘이 함께 하자고 —."

2006년, 여든세 살 프랑스 정치철학자 앙드레 고르가 아내 도린에게 긴 편지를 쓴 내용의 한 구절이다. 그는 아내가 20여 년 전 불치병으로 심한 고통을 겪자 사회적인 모든 활동을 접고 시골로 내려가 살며 아내를 보살폈다. 부부는 이듬해 함께 목숨을 끊어 쉰여덟 해의 결혼생활을 마감했다. 그런 그가 쓴 편지글의 또 한 구절이다.

"세상은 텅 비었고 나는 더 살지 않으려네. 우리는 둘 다, 한 사람이 죽고 나서 혼자 남아 살아가는 일이 없기를 바라네."

부부가 함께 산다는 건, 서로 한 몸이 되어가는 일이며, 이건 정신적인 면이 우선임을 말한다. 몸을 통한 정신의 향상이 수행이고 가치있는 삶이다. 정신의 실현은 몸을 통한 수행이고 삶이다. 이처럼 고락을 함께하며 닮아가는 건 몸을 통해서지만 몸을 지난 정신의 영역이고 결국 불가분이다. 진정한 부부애, 이 매우 기초적인 인간애는 가슴 저릿한 정화(淨化)요 위안이고 인간성숙이다.

사람이 태어나서 언젠가 죽어야 한다면, 그런 삶의 한계에서 얻는 최고의 성숙이고 위안이고 행복이고 평화다. 결국 생각이 부부를 이루고, 생각이 부부를 유지하고, 생각이 부부를 발전시키는, 그 생각의 밑바탕은 '관계와 협력'이다. '관계와 협력'의 생각에서 '관계와 협력'의 말과 행이 나온다.

이런 서로의 생각, 생각의 최고봉인 사랑의 토대에서, 아이가 태어나야 한다. 사랑은 지극한 평화이기 때문이다. 목숨가진 모든 생명은 평화를 좋아하고, 새 생명인 아이도 '엄마 · 아빠'의 평화 속으로 달려와서다. 뛰어난 영식(靈識)의 태아일수록 평화를 선호한다고 말하면 증거를 대라고 할까.

사랑의 부부는 젊었을 땐 말할 나위도 없고, 심지어 중년이 되어서도 아이를 낳는다. 의학적으로 중년에 아이를 낳으면, 엄마는 늙어서도 나이를 떠나 무척 건강하다고 한다. 그렇다면 임신이 중년의 건강법인가? 비록 가임 적령기가 지났다 해도, 여성 몸의 모든 기능은 아이를 맞이하기 위해서 총체적으로 본능적으로 되살아나기 때문이라고 한다. 여성의 성적능력은 쾌락이 아닌 생명육성이라는 사실을 여기서 다시 본다.

필자가 어렸을 때만 해도, 동네에서 며느리가 갓 태어난 시동생에게 젖을 물리는 일이 한 집 건너 있는 흔한 일이었다. 어린 시동생은 커가면서 형수를 엄마처럼 따랐고, 형수는 자식처럼 대하는 인간애가 집안 가득했다. 촌수가 복잡했지만, 시어머니가 며느리보다 뒤에 아이를 낳아 조카보다 나이 어린 삼촌이 다반사로 흔한 일이었다.

한 집에 아이 대여섯은 보통이고 열을 넘기기도 했던, 아니 필자의 어머니가 그랬다. 건진 자식, 잃은 자식 반반이었지만 아무튼 다산(多産)시대에 며느리와 시어머니 출산은 예사로 겹쳤다. 어떤 시어머니는 며느리와 함께 배가 불러오자 동네 창피해 아이를 떼겠다며, 애꿎은 간장을 마시거나, 뽕나무밭 언덕에서 뛰어내리기도 했다. 대통령 박정희의 어머니도 마흔다섯에 7남매 막둥이 박

정희를 잉태하고서 부끄러워 지우려고 했다고 전기는 전한다.

젊은 여성들이 출산을 기피하는 약삭빠른 시대에도 중년들이 나서서 아이 갖기를 바라고, 낳았다는 소식을 간헐적으로 들을 수 있는 건, 그런 유풍(遺風) 때문이고 무엇보다 생명육성자의 본능, 인간최고의 인성인 모성(母性) 때문일 것이다.

'부부는 사랑이 근본이다.' 백 번 맞는 말이다. 그러나 엄밀하게 말하면 삶도 사랑도, 결국 '관계와 협력'의 인간존재로부터다. 인간은 자신의 삶을 잘 관리하여 상대를 배려해야 한다.

특히 부부는 더욱 그러하다. 밀접하기 때문이다. 그러기 위해선 자기를 수도승처럼 관리해야 한다. 도 닦아 가듯이 인생을 살아야 한다는 말이 된다. 그건 자기가 좋아야 남도 좋기 때문이다.

좀 살아보면 이런 사실을 저절로 안다. 미리 알면 더 좋은 건 말할 필요도 없지만 도 닦듯이 살아라고 하면 지레 겁먹을까 싶어 이 말을 하면서도 눈치를 보게 된다.

고개가 숙어진다

필자가 이 글을 쓰면서 줄곧 염두에 두었던 사실은, 신앙인의 한 사람으로서 남녀를 보거나 대하는데 있어서, 어떤 편견을 가져서는 안 된다는 점이었다. 인간 양성(兩性)은 본래로 '인격원만'을 지니고 태어난 존귀한 생명체이기 때문이고 거기엔 아무런 차이도 없어서다. 인간성 존중의 이야기다.

오스트리아 황제 프란츠 요셉 1세는 아량이 넓은 지도자로 민주화를 이루는 데 크게 이바지 했다. 하루는 황제가 궁궐의 주방과 가까운 복도를 걸어가고 있었다. 그 때 외투를 입은 한 요리사가 앞을 지나가는데, 그의 외투 밑으로 생선의 꼬리가 보였다. 황제는 요리사의 어깨를 툭 치면서 말했다.

"다음부터는 좀 더 긴 외투를 입던지 아니면 꼬리가 짧은 생선을 가
지고 가게."

이렇게 말한 황제는 큰 소리로 껄껄 웃었다. 비린내 나는 생선을 들
고 궁궐복도를 지나는 일은 관례가 아니었지만, 황제는 유머로 이해
를 해 준 것이다.

또 오스트리아 빈에는 주로 서민들이 찾아와서 노는 브랏타 공원이
있었다. 황제는 서민들이 어떤 생활을 하는지 알아보기 위해 부관을
대동하고 그 공원을 찾곤 했다. 어느 날, 여느 때처럼 공원을 둘러보
는데 한 젊은 남녀가 황제의 행차에도 아랑곳 않고 서로 부둥켜안은
채 키스를 하고 있었다.

황제가 행차한다는 사실을 미리 알리지 않아 시민들이 황제 앞에서
무례한 행동을 하게 한 부관은 안절부절못했다. 그러나 황제는 웃으
면서,

"내버려 두게. 여전히 저러고 있으니 더욱 기쁘네"라고 말했다.

– 김재일, 『종이거울』

　여성의 덕성에 대해 생각해 볼수록 고개가 숙어진다. 좀 더 솔
직히 말한다면, 여성성에 대해 조금 일자마자 이내 주눅이 들었다
고나 할까. 아마도 그건 여성의 덕성이 크고도 넓기 때문이리라.
내 좁은 생각, 그동안의 내 편견을 압도해서이리라. 따라서 이러한
여성성을 통해 새로운 인류의 길, 인간의 앞길을 열어나가야 한다
는 생각이 더욱 간절해진다.

218

돌아보면 어느 시대의 삶인들 고난이 없었을까? 그렇지만 오늘의 이 시대는 한창 낭만에 빠져 꿈을 키워야 할 노마드 청춘들마저 인생이 고해임을 절감하고 있다. 그러나 인간의 삶은 계속될 수밖에 없고, 인간생명의 본성인 진실은 여전히 현실에 드러나 발휘되지 않으면 안 되는 불문율이다.

우리의 삶이 어려울수록, 생존의 고뇌가 깊을수록 인간존재의 대원칙인, '관계와 협력'의 진정한 뜻에 다가서야 한다. 어려울 때 삶의 비결은 새로운 걸 찾는 게 아니고, 오로지 원칙을 되찾는 일, 동서고금의 역사가 말해 주는 진리임에랴.

서로 거울이 되어야

아내는 남편의 장점을 볼 수 있어야 하고 찾아야 한다. 남편도 마찬가지다. 부부는 '관계와 협력'의 근원적 존재이기 때문이고 행복한 삶을 살 권능을 지녔기 때문이다.

서로 거울이 되는 일은 가까운 인간관계일수록 중요한 인생사이고 '관계와 협력'의 실현이 된다. 따라서 부부 사이에 항상 존재하는 의무이고 마땅히 수행해야 할 책무다. 인간은 바른 생각을 통해 인격향상의 의무와 책임을 가졌기 때문이다. 그런 숙명적인 삶 속의 부부는 물셀 틈도 없어야 하는 밀착된 사이다. 둘로서 출발했지만 삶에서는 둘이 아니어야 하는 생명속성으로서다.

매일매일 상대에게 긍정을 발견하여, 그걸 같이 기뻐하고, 서로 거울로 삼아야 '관계와 협력'의 부부존재가 성숙하고 원만해진다. 해서 상대의 거울을 날마다 환히 닦아주며, 거기에 비친 자신들의 모습을 서로 바라보고 부족함 속에서도 웃으며 살아간다.

여기, 거울을 서로 닦아주는 이야기 하나ㅡ.

영의정 김홍근과 당시의 기재(奇才)인 정수동은 신분이나 나이를 떠난 절친한 사이였다. 어느 날, 정수동이 김홍근의 집을 불쑥 찾아갔다. 두 사람이 사랑채에 앉아 있는데, 계집종 하나가 허겁지겁 달려와 어린 아이가 돈을 가지고 놀다가 삼켰다며 호들갑을 피웠다. 집안 식구들은 어쩔 줄 몰라 했다. 그 때 정수동이 느긋하게 물었다.

"아이가 삼킨 돈이 제 돈이냐, 아니면 남의 돈이냐?" 계집종은,

"자기 돈"이라고 대답했다. 그 말을 들은 정수동은 웃으면서,

"걱정할 것 없다. 그냥 두어라. 요즘 세상에 남의 돈을 2만 냥이나 먹고도 죽기는커녕 편히 잘도 사는데, 남의 돈도 아닌 제 돈 한 푼 삼켰다고 죽기야 하겠느냐. 염려 말고 조금 기다려 보아라"하고 말했다. 옆에서 듣고 있던 김홍근은 뭔가 찔리는 데가 있었다. 그 무렵 김홍근은 뇌물 2만 냥을 받아 세상의 지탄을 받던 때였다. 이 일이 있은 뒤 김홍근은 하인을 시켜 뇌물로 받은 2만 냥을 돌려주었다.

- 고전

김홍근과 정수동이 친구 사이가 아닌 부부 사이였다면?

221

이제 남성들은 기득권을 포기할 때다. 남성중심주의나 남성우월주의 사고방식을, 창공을 나는 새처럼 훨훨 벗어나야 한다. 머릿속에서 말끔히 세척해 내야 한다. 여성성에 대해 조금이라도 이해하고 본다면, 그런 것들은 한 마디로 유치하고 미개한 일이다.

되레 부끄러운 일, 철지난 옷은 미련 없이 벗어던져야 제 철에 맞게 가뿐한 마음으로 살 수 있듯이.

여성성을 알기 시작하면, 구태는 저절로 벗게 되고 세척될 것이다. 구름을 벗어난 달처럼-.

작은 실천이 가정을 빛나게 한다

'관계와 협력'의 부부 사이에서는 갖추어야 할 대강의 준비들이 있고, 그 중의 몇 가지 소소한 사례를 예화로 들어본다. 물론 수많은 추가사항은 독자들이 살면서 챙겨야 할 몫으로 남겨두고.

• 먼저 부부 사이의 호칭이다

상대를 존중하는 적절한 호칭은, 정당한 관계를 유지할 뿐 아니라, 인간의 '관계와 협력'을 발전시키는 촉매제가 된다. 물샐 틈도 없어야 하는 부부 사이에서는 호칭이 더욱 중요하다. 말이나 호칭은 당사자의 정신이어서다.

아내가 남편에게 '오빠'나 '아빠'같은 호칭은 2세들의 정체성에도 매우 좋지 않은 영향을 줄 수가 있다. 고작 말 한 마디로 인해 자식의 일생을 그르칠 수도 있다는 거다.

또 남편이 아내에게 '어이!'라거나 '이름'을 부르거나 '이봐요' 하고 어정쩡하게 부른다면, 역시 물샐 틈도 없어야 하는 사이에선 매우 소홀하고 엄청 부족한 결례다. 특히 점점 나이 들어감에선 영 마뜩하지 않다.

말은 당사자가 갖는 정신세계의 표현임에랴. 의당 부부가 서로 정정당당하게 부를 수 있는 좋은 호칭을 서둘러 찾아야 한다.

부부호칭에 대한 사회적인 원칙이나 관행의 묵시적인 합의나 선배들의 규범도 거의 사라진 오늘날, 그걸 되찾는 일은 좀 난감할지 모른다. 그러나 현실적인 삶을 통해서 몇 가지 기준을 삼는 건 부부에게 도움이 될 것이다.

남편은 아내를 '여보', 아내는 남편을 '당신'이라고.

혼자서 연습한 어조로 정감 있게 부른다. 서로에게 존중하는 마음을 담아 불러본다. 두 번 세 번 불러본다.

이는 가장 온당하고 친근하고 정체성을 갖춘 전통적인 우리의 호칭이 아닐까 생각한다. 물론 하나의 기준이고 예시이기에 꼭 그렇게 하라는 건 아니다. 더 좋은 호칭이 있을 수도 있어서다.

부부의 호칭이 달라지면 서로를 대하는 마음가짐이나 행동도 분명히 달라질 것이다. 가까운 사이일수록 예의가 더욱 필요함은 살아보면 누구보다 당사자들이 잘 알 것이다.

• **부모는 전천후 인생의 선생님**

해서 부부는 일상에서 서로에게 높임말도 아니고 낮춤말도 아닌 수평이되 존중의 뜻이 담긴 '하소'체 정도의 말을 쓰게 되면 어떨까 한다. 인생에서 가장 친한 사이가 부부라 해도 그걸 빌미로 일상에서 막 대하지는 않을 것이고, 특히 부부싸움을 하더라도 최소한의 품위는 지킬 것이다. 감정이 마구 솟구치는 극한의 상황에서도, 부부가 서로를 존중하는 걸 아이들이 보면 커서도 부모와 같은 삶을 살 것이다. 부모를 존경함은 당연지사일 것이고.

따라서 부모의 또 다른 이름은 '인생의 선생님'.

• **기다리며 끝까지 들어준다.**

부부 사이에는 대화가 물 흐르듯 흘러야 한다. 그러자면 상대방 이야길 귀기울여 잘 들어줘야 한다. 물론 상대를 존중하는 마음으로서다. 부부가 갖는 최상의 대화법은 존중과 진실이라는 생각을 굳게 가져야 한다. 이런 원칙을 세우지 않기에 기술이 필요하다. 해서 온갖 방법을 찾아 교육을 받고 강연장으로 뛰어다닌다. 존중으로 마음을 바꾸지 않으면 기법은 한갓 풀끝의 이슬과 같다.

부부대화의 핵심은 상호존중이라는 진실에서 서로 눈높이를 맞추고, 상대의 감정을 살피는 데서 시작된다. 거기서 나오는 경청과 감정이입, 이 두 가지가 요체다. 다만 상대방이 말을 할 때 토를 달거나 중간에서 끊지 말고, 인내심을 갖고 끝까지 들어줄 때, 진정한 대화인 상호소통이나 화합이 가능해진다.

심성 밑바닥에 서로에게 향하는 순수인간애를 가지면 대화가 어렵지 않을 뿐 아니라 설령 기법을 모른다 해도 저절로 소통이 된다. 근본을 알면 현상은 배우지 않아도 알듯이.

• 이성(理性)의 힘을 길러라.

사람에게 이성과 감정이 있다면, 이성은 감정보다 허약하고 감정은 불합리하다. 그러기에 대개가 이성으로 감정을 다스리거나 통제하거나 균형을 갖추기엔 역부족이다. 그리고 이성을 강화시켜 간다고 해도 그때까지의 오랜 과정이 문제고 시간이 걸린다는 점에 한계가 있다.

따라서 대다수가 감정에 휘둘리고, 남녀 간에는 더욱 그런 경우가 많고, 젊을수록 치열하다. 그러나 이성이 전제되지 않거나 허약하면, 그 '감성·감정'은 제멋대로이기 십상이다. 아무리 사랑하는 사이도 이성이나 좋은 습관, 자기조절이나 절제가 없으면 삶이 위험에 빠진다. 따라서 감성보다 약한 이성이라고 해도 꾸준히 강화해야 할 필요가 바로 이런 점 때문이다.

• 어머니는 아버지에게 배워야

또 남편은 가정왕국에서 여왕인 아내가 만든 집안의 질서와 법을 아이들과 더불어 잘 따라야 한다. 남편이 생각하기에 사소한 것이라고 여겨지더라도 앞장서서 아내의 질서, 아내의 법을 그대로 존중해 줘야 한다. 인간에게 가장 큰 은혜는 어머니고, 그 어머니의 존재감을 자녀들은 아버지로부터 배워야 해서다. 아이들이 어머니에 대한 존재만 알면 인성교육 끝이다.

• 무조건 '한 편'이 되는 것이다.

부부 사이는 뭣보다 서로 흉보지 말아야 한다. 비난하거나 험담하지 말아야 한다. 그건 '한 편'이 되는 거다. 일부로 따로 항목을 나눠 애쓸 일이 아닌, '저 사람은 영원한 내편이야!'라고 생각하고 무턱대고 믿으면 되는 거다. 다소 무모하게 들릴지도 모르겠다. 남편이 실수하고 아내가 철없어도 비난하지 말고, '그래, 당신 잘했어. 재밌네요.' 이렇게 한 편이 되는 게 삶의 지혜, 인생의 슬기다. 그렇게 얻은 지혜나 슬기는 타인이나 만물을 대할 때도 빛을 발한다. 보물이 된다. 버려도 버려지지 않는 내 몸이 된다. 조상들은 짐승들에게도 사람 대하듯 주의를 기울였고 대접을 했다. 하물며?

어진 재상 황희가 젊은 날 들길을 가다가 두 마리 소에게 번갈아 일을 시키는 농부를 보고 물었다.

"두 마리 중 어느 소가 일을 더 잘하오?"

그러자 농부가 귓속말로 대답했다.

"저, 누렁소가 일도 잘하고, 말도 잘 듣습니다."

황희는 농부가 소리를 죽여 나직이 말하는 것이 못내 궁금해, 까닭을 물었다.

"그런데 왜 귓속말로 하시오?"

농부가 얼굴색을 바꾸어 꾸짖듯이 대답했다.

"아무리 말 못하는 짐승이라도 제 잘못을 말하는데 좋아할 리가 있습니까?"

황희는 이 농부의 말에 크게 깨달아 인격이 확- 바뀌어 평생을 벗어나지 않았다.

- 고전

• 화장실을 깨끗이 쓴다.

남편이 집의 좌변기에 소변을 볼 때는 의당 앉아서 본다. 서서 보면 사방에 튄다. 아내나 어머니나 딸에게 미안한 일이 된다.

가정의 화장실 구조가 바뀐 지 이미 오래다. 그런데도 아직껏 구태를 벗어나지 못했다면, 몸이 힘들어 못 바꾼 것이 아닌 정신적인 배려가 없어서일 거다.

그리고 화장실의 용무가 끝나곤 자신이 사용했던 물건들을 제자리에 가지런히 둔다. 비록 작은 것들이라도 제자리에 두는 습관을 들인다. 그건 아내나 어머니가 세워놓은 질서를 따르는 거고, 또한 가정의 일에는 크고 작은 것이 없다. 다 중요해서다.

• 문 밖에서 손들고 벌받는 장비

설령 집밖에 나가서는 천하를 호령하는 남성이라고 해도 집안에서는 여왕의 질서에 충신이 되어 성실하게 따른다. 덩치 큰 남자가 섬섬한 여자를 따르는 모습이 순진하게 보이지 않을까. 아름

답기도 하고. 보지 못했는가? 삼국지의 장비가 문밖에서 아내로부
터 벌 받고 있는 모습을.

사실 이런 건 매우 사소한 일이고 말하기조차 뭐한 일이다. 그
렇지만 이런 사소하고 뭐한 일도 결국 사람의 생각이고 습관이고
삶의 바탕인 질서이고, 큰일의 단초가 된다. 행위를 바꾸면 생각도
바뀌어 사람의 인격이 달라진다. 사람의 심리를 변화시키려면 행
동이 방법이고, 진리는 행으로 완성된다.

아무리 물샐 틈도 없는 친밀한 사이에서라도 꼭 필요한 건 인
격이라는 걸 잊지 말아야 하고, 거기에는 위선이나 거짓이 없어야
한다는 사실, 행이어야 함을 더욱 잊지 말아야 한다.

• 시장에서 재촉하지 않는다.

남편이 아내와 시장을 가면, 재촉하지 않을 일이다. 여성인 아내
는 시장에서 가장 왕성한 정신활동을 펼친다. 물건 값에서부터 용
도와 모양과 구성을 세밀하게 살핀다. 알고 보면 장보는 일은 정
말 고된 정신활동이고 정신노동이다.

아내가 장을 다 보고 나오거든 남편은 웃으며 칭찬하고 위로와
격려를 해 줘야 한다. 음료수 한 잔이라도 권하면서 노고를 치하
해야 한다.

결코, 시간 걸렸다고 짜증 부리거나 화내서는 안 될 일이다. 여
성인 아내가 가진 뛰어난 능력을 발휘하지 못하게 가로 막거나 가
까운 데서 무시당한다고 느끼면, 당사자는 의당 섭섭한 생각을 가

질 것이다. 자칫 아내가 땅에 발을 딛지 못하고 붕 뜨게 된다.

남편은 그 순간부터 앞길이 막막해진다. 무섭고 두렵지 않은가? 무시당하고 참지 않는 건 '남성·남편'들뿐 아니라는 걸 알면 될 일이다.

'여보'·'당신', 서로 이렇게 부르고-,

존중하여 기다리며 상대의 얘기를 끝까지 귀기울여 들어주고-,

차근차근 생각하는 이성의 힘을 키워가고-,

서로 흉보거나 비난하지 않는 '한 편'이 되고-,

화장실 깨끗이 쓰고-,

시장 간 아내 재촉하지 아니하고-,

이런 사소한 것들이 '관계와 협력'의 최고기술이고 자아실현이며, '가정·부부'를 빛나게 하는 최고 지혜라고.

두 번 세 번 연거푸 말하고 싶다.

제7장

부부라는 이름

인간의 욕망은 삶의 목표에서 이탈했을 때 활약한다

인간의 욕망은 삶의 목표에서 이탈했을 때 문제를 야기한다. 목표를 향해 열심히 정진할 때는 잡념이 없고 망상이 없다.

따라서 욕망의 눈을 다는 것은 삶의 목표를 끊임없이 형성하고 추구하는 일이다. 다만 목표에 대한 진리성은 너와 남이 함께 좋은 것이면 된다. 이와 같은 행은 개인과 공동체를 건전하게 하는 근원적인 힘이다. 행이 부족하거나 없으면 퇴폐적이 된다. 비록 사고가 단순하여도 행이 왕성하면 삶속에서 깨달음을 얻게 된다. 행이 깨달음이고, '아내 대접 남편 대접' 하는 가정의 행복이다.

조(組)는 한 편을 말한다

인생의 조를 편성하는 일 - , 부부라는 인연의 중요성을 감안하여, 남녀의 역할이나 심리적인 측면을 조금 더 생각해 보기로 하자. 인용문을 통해 본다.

(만약) 여성이 안정할 곳이 가정이라고 전제한다면 여성이 지니고 있는 재능은 매몰시켜야만 하는 것일까? 대개 인간이 이 세상에 몸을 받아 태어난 목적은 자기에게 깃들어 있는 능력을 충분히 표현하고 안으로 이루어져 있는 신령한 성품을 도야하는데 있다고 하겠으니, 여성이라 하여 오직 가사에만 매어 있으라는 법은 그 어디에도 없다. 경우에 따라서는 남성보다 월등한 재능을 지니고 있어, 그 재능의 발휘를 통해 사회에 기여함이 사뭇 유용한 경우가 많다.
여성으로서 가정생활 이외에 자기천분을 발견한다는 것은 어디까지나 특성의 문제이다. (특성과) 가정생활과 양립할 수 없는 경우에 오히려 한 생의 가정생활을 포기하고 자기재능에 헌신하는 것도 의미가 있다고 하겠다.

그러나 대개의 경우 본인의 마음가짐 여하에 따라서는 타고난 재능을 가정과 양립시킬 수 있다. 인생이 자기에게 내재된 신령한 성품을 도야하고 타고난 재능을 십분 발휘하는데 의의가 있다면, 결혼은 반드시 거쳐야 할 인생의 길은 아니라고 할 수도 있겠다.

그러나 결혼을 통하여 인생은 보다 향상될 수 있는 수행이 있는 것이며, 결혼이 일종의 영적인 향상수단이 될 수도 있는 것이어서, 자기향상의 도야를 한다고 반드시 결혼을 회피해야 한다는 결론은 나오지 않는다.

다만, 여성이 일반적으로 그가 안주할 곳이 가정이라는 점은 여성이라는 현실적인 특성이 그렇게 만드는 것이어서 이것을 일반이라고 보는 것이다.

이 점은 남성의 경우를 살펴보면 명백하다. 남성은 겉보기에 어쩌면 나비처럼 벌처럼 구름처럼 흘러 다니는 속성이 있다고 보일지 몰라도, 실지로는 그 마음 속 영혼의 목소리는 안주처인 가정을 구하고 있는 것이다. 남성의 (심층 깊이의) 참된 소망이란 어진 처와 사랑스런 자녀와 함께 단란하게 사는 데 있다.

처자와 함께 완전히 조화된 생활의 실현이, 어떤 바람등이 남성이라도 정신적 심층부에는 도사리고 있는 것이다. 연애지상이라 하여 감각세계를 쫓고 다니는 남성들의 그 속을 파고들면 거기에는 영적인 완성을 구하고, 안정을 구하여 마지않는 처절한 몸부림이 있는 것을 본다. 이런 점에서 가정은 모든 인간이 안주할 마음의 고향이며 생명의 요람인 것이다.

– 광덕, 『행복의 법칙』

인간의 삶에서, 부부는 서로의 영적인 성장, 정신의 향상을 도모하게 되는 강력한 종신결합체이다. 이와 같이 숭고한 뜻을 지닌 부부에게 문제가 생겼을 땐, 상대를 존중하는 마음에서 책임을 추궁하거나 탓하지 말아야 한다. 설령 잘못이 어느 한쪽에 있어도 그 잘못으로 한 인격을 몰아붙여서는 안 된다. 도리어 자신의 책임이라는 생각에서 해결점을 찾아야 한다. 도의적 책임도 큰 책임이니까.

그리고 부부 사이에서 입장이 곤란할 때, 자신만 쏙 빠지려고 하는 얄은꾀를 부려선 안 된다. 속 보이고 심지어 인격을 의심받게 된다. 가까운 사이에서, 그것도 물셀 틈도 없는 부부 사이에서 인격을 의심받는 건 작은 일이 아니다.

부부 관계는 세상의 그 어떤 관계보다 우선이다. 심지어 신과의 관계보다 앞에 둬야 한다. 대개 혈연의 멀고 가까움을 촌수로 표현할 때, '부모와 자식은 1촌', '형제는 2촌'이다. 그러나 부부에게는 촌수가 없다. 일심동체(一心同體)로 살아야 한다는 선조들의 지혜이고 준엄한 명이시다.

235

그렇지 않으면 남남과 같다는 뜻이다. 전부 아니면 전무인 매우 극단적인 인간관계가 부부다. 지극히 가까우면서도 얼마나 조심스러운가? 그런 뜻을 지닌 부부이기에 삶도 거기에 따라야 함은 당연할 것이고, 그런 열렬한 삶을 통해 지극한 인간존재인 '관계와 협력'의 최고경지에 도달할 수 있는 거다.

일심부부(一心夫婦)라고 한다. 그 일심부부의 교훈이 될 내용을, '썩은 사과, 사라지는 백년해로'의 제하의 기사에서 본다.

가난한 부부가 있었다. 어느 날 노부부는 전 재산인 말 한 필을 팔아 좀 더 쓸모 있는 물건과 바꿔야겠다고 마음먹었다. 영감님이 말을 끌고 시장에 갔다. 처음엔 말 한 필을 암소와 바꾸었지만 다시 암소를 양과 바꾸었다. 다시 양을 살찐 거위와 바꾸었고 그 거위를 다시 암탉과 바꾸었다. 마지막으로 암탉을 썩은 사과 한 상자와 바꾸었다. 영감님은 물건을 바꿀 때마다 할머니에게 기쁨 한 가지씩을 주고 싶었다. 돌아오는 길, 영감님은 썩은 사과 자루를 메고 어느 작은 주점에 들렀다. 썩은 사과 자루를 메고 다니는 기이한 풍경에 신기해 하는 두 명의 영국인을 만나게 되었고 자신이 시장 본 얘기를 자랑스럽게 한다. 두 영국인은 박장대소하며 집에 돌아가면 틀림없이 할머니에게 쫓겨날 것이라고 말한다.

그러나 영감님은 절대 그런 일이 없을 것이라고 맞섰고 결국 거만한 부자 영국인과 금화 한 자루를 두고 내기를 한다. 두 영국인과 영감님은 함께 집으로 갔다. 할아버지의 장 본 얘기를 듣는 할머니는 끊임없이 맞장구를 치며 즐거워한다. 말 한 필을 암소로 바꾸고 암소를 다시 양과 바꾸고… 하면서 한 가지 물건을 다른 물건으로 바꾼 얘기를 할 때마다 잠시도 쉬지 않고 감탄하며 기뻐했다. "와! 우유를 마실 수 있겠군요!" "양젖도 맛있지요." "거위 털이 얼마나 따뜻한데요!" "와! 계란을 먹을 수 있게 됐군요!" 그러다가 마지막으로 암탉을 썩은 사과와 바꾸었다는 얘기를 했지만 할머니는 더없이 행복해하며 말한다. "그럼 오늘 저녁엔 모처럼 맛있는 사과파이를 먹을 수 있겠네요!"

할머니는 영감님이 말할 때마다 오히려 감탄하며 기뻐한 것이다. 창틈으로 엿듣던 두 영국인은 결국 금화 한 자루를 잃게 되었다. 영감님은 말 한 필로 썩은 사과 한 상자와 금화 한 자루를 얻는, 그야말로 대박을 터뜨린 엄청난 장사를 한 셈이다.

알려진 대로 이야기는 안데르센의 동화다. 부부간, 나아가 인간사회의 신뢰의 중요성을 강조한 우화, 아이들보다는 어른들에게 일침을 놓는 책이다. 아주 어린 시절, 나는 이 책을 읽으면서 도대체 얘기가 앞뒤가 맞지 않는다며 어머니에게 보챘다. 그러나 돌아온 대답은 딱 한 마디 "크면 알게 된단다"였다. 맞는 말씀이다. 오랜 세월이 흐른 지금에서야 나는 비로소 어머니의 깊은 뜻을 이해하게 되었다. 늘 영리한 사람만 이득을 보고 성공한다고 생각하고 있는 인간들에게 세상이 꼭 그렇게만 돌아가지 않는다는 것을 알리는 작가의 메시지를 철들어 알게 된 것이다.

- 2012. 11. 27. 『중앙일보』 오피니언36.

위의 이야기에 나오는 영감님과 할머니의 관계는, 일심부부에 대해 많은 것을 생각하게 하고 정리하게 해 준다. 물도 세지 않을 인간관계, 부부는 '한 편'임을 잘 보여주고 있어서다.

만약 아내가 어머니와 다투면, 남편은 무조건 아내 편을 들어야 한다. 남편이 친정아버지와 다투면, 무조건 남편의 편을 들어야 한다. 부부는 이 때 옳고 그름의 시비를 따져 판사가 되려고 해선 안 되고, 양쪽의 눈치를 보고 중간자 입장을 취해선 더욱 안 된다.

이치를 가리고 시비를 따지는 건 감정이 가라앉은 뒤에 해도 늦지 않다. 자신을 낳아 준 부모라고 해도, 삶은 성공이어야 하고 그 바탕은 현실의 일심부부다. 지나간 과거나 오지 않는 미래가 아닌 현실, 가장 막강한 힘은 그 현실에 있기 때문이다.

부모는 자식으로 하여금 삶을 살아가도록 은혜의 출생을 주셨고, 가르치고 성장시켰다. 그렇지만 막상 현실의 삶을 함께 살아야 하는 상대는 부모가 아닌 부부다. 자식의 성공적인 인생을 위해서, 그 인생의 토대인 자식의 부부관계를 위해서, 부모는 자식이 살아가는 삶의 현장에서 한 발 비켜서야 한다. 그게 자식을 위한 부모의 숭고한 헌신이고 참사랑이다. 키웠어도 키워줬다는 대가를 바라면 안 되기 때문이다. 삶은 이처럼 치열하고 엄격하기까지 하다.

또 부모는 어떤 경우에도 자식을 받아들이지만, 부부는 그렇지 않다. 만약 부부가 당사자의 편을 들지 않고, 제3자의 편을 들면 결혼생활에 실패할 확률이 높다. 일심부부는 삶의 둘도 없는 동반자, 그 무엇과도 대신할 수 없는 절대적 인간관계, 전부 아니면 전무이기 때문이다. 신(神)마저도 둘 사이에는 끼어들 수 없다.

따라서 일심부부는 언제나 온전한 유리잔이 되어야 함을 서로가 잊지 않아야 한다. 깨지는 순간 못쓰기 때문이다. 여지가 없다.

'아내가 무조건 양보해야 한다.' 이런 생각에 머물러 있는 남편들이 아직도 있는 것 같다. 그러나 지금은 여성이 약자였던 구시대가 아니다. 설령, 여성이 약자라고 해도, 그건 물셀 틈도 없어야 하는 부부도리에 어긋나는 일이다. 남편이 아내를 편들고, 아내가 남편을 편드는 건 부부 사이의 진실한 도리로서 진정한 부부애, 한 조는 한 편이어야 한다는 부부신앙 제1조다.

사물을 직시하고 관찰하는 그대 눈초리는 밝고, 이를 설명하는 유창한 말솜씨나 빈틈없는 합리적 사고는 정말 훌륭했소. 그런데 어찌 그대 말에는 이론의 현상만 있고, 존재의 본질은 보이질 않소. 더욱이 그대의 마음과 존재의 본성에 대한 우주적 마음이 빠져 있는 것 같고, 윤기 없는 장황한 논리에는 신비감조차 없어 보여요.

– 이시우, 『인생』

이 글은 존재의 본질이 '자애'라는 걸 말하고 있다. 부부의 생명력인 '관계와 협력'의 진정한 삶은 이론이 아닌 실천을 수반하는 자애다. 옳고 그름의 건조한 이론, 그걸 초월한 무한 자비와 사랑,

무조건 한편이 되는 무조건의 자비와 사랑, 부부는 그런 바보 같은 마음으로 살아야 한다. 한 번 금이 간 그릇은 아무리 정교하게 때워도 흔적이 남듯이. 부부 상호에게 서운한 감정은 오래 가고 자칫 평생 간다. 삼가하고 삼가해야 한다.

또, '아내·남편'이 이웃이나 동네사람들과 싸우면 역시 무조건 '남편·아내' 편을 들어야 한다. 어떠한 경우에도 길 한복판에서 부부가 한 쪽을 몰아세워서는 안 된다. 잘했건 잘못했건 그건 나중 일이다. 부부는 동체이고 한 조(組)는 이미 분리할 수 없는 하나의 운명체이다. 두 사람은 절대적 인연으로 '관계와 협력'의 헌법적 존재이고 인생 최상의 파트너인 열혈동지다.

이 법칙을 위배해서 안 되는 까닭은, 아내가 행한 일은 이미 남편의 일이고, 남편이 한 일은 이미 아내의 일, 서로에게 둘이 아닌 불가분이기 때문이다. 말 그대로 영욕(榮辱)과 훼예(毀譽)를 같이 하는 운명공동체이다. 세상에 누구와 이런 관계를 맺겠는가?

악연의 부부, 위험한 부부는 남 앞에서 한쪽을 타이르거나 훈계하거나 핀잔을 주거나 무시하는 표정을 짓거나 은근히 비꼰다는 사실을 알자.

진정한 노마드 청춘의 모습들

노마드 청춘의 특성은 잔머리 굴리지 않는다. 그런데도 싱글인 노마드 청춘은 인생초원의 말 위에 외로이 앉아서 많은 생각을 한다. 어쩌면 노마드 청춘의 특성을 외면하거나 감춘 채, 온갖 계산을 다 할지도 모른다. 조금이라도 미진하면 밤을 새워서라도 다시 계산할 것이다. 결국 그렇게 고심해서 얻은 답은 '혼자여도 편히 살자'일 것이다.

그건 답을 찾는 일이 아니다. 자신을 제한시키는 일에 지나지 않는다. 노마드 청춘 스스로가 자신에게 용기와 지혜를 빼앗고, 의욕을 빼앗고 무엇보다 인간성숙의 절호의 기회를 빼앗는 것이다. 홀로 하는 암묵적인 계산은 결국 자신에게 힘을 빼앗는 일, 아름다움을 빼앗고, 건강을 빼앗고, 시간을 지체하는 일일 뿐이다.

과연 무엇을 위해서 그래야만 하는가? 왜, 홀로 고민해야 하는가?

유한인생에서 늙음과 병, 주어진 시간만 끌어당겨 소모하는 일일지도 모른다.

거기에 비해 말 위에 의연히 앉은 두 노마드 청춘들의 모습은 당당하다. 어깨에 기상과 기백, 신명이 올라 앉아있다. 그들 앞에 펼쳐진 끝없는 인생초원, 거기에 무슨 자기생각이나 자기계산이 있겠는가? 생사마저도 뛰어넘는 둘의 의지는 인생청춘의 강렬한 기운을 내뿜는다. 그들은 계산 없는 큰 계산의 무심 경지의 말 위에 올연히 앉아 있어서다.

한 조가 된 이상, 어떤 경우에도 홀로 잔머리 굴리지 않는다. 굴려서도 안 된다. 계산을 하려면 큰 계산을 하고 머리를 굴리려면 큰 머리를 굴려야 한다. 신뢰의 정점이며 부부사랑의 꼭지점, 자기가 없는 무심(無心)경지의 성취다. 함께 가는 동도(同道)의 시너지인 상승위력이다.

인생살이가 늘 불확실하듯, 만유의 존재와 그 현상도 인간이 더 가까이 다가갈수록, 더욱 불완전하고 불확실해지며 의심이 더 많아짐을, 그대는 경험한 적이 있소?

그대는 너무나 틀에 박힌 합리적 사고와 이기적인 만용의 습에 얽매

여, 뜻대로 잘 되지 않는, 세상의 창을 열어보기가 두려운 것은 아닌지.

– 이시우, 『인생』

이 글은 깊은 뜻을 우리에게 일깨워 준다. 가까울수록 더 조심해야 함을 넌지시 일러주고 있어서다. 둘이 가는 길에는 서로에게 의심 받을 행을 해서는 안 된다. 가까운 사이일수록 한 번 의심을 갖게 되면 좀처럼 그 의심의 그물망에서 벗어 나오기가 어렵다. 부부 서로가 마찬가지다.

부부는 사랑의 그물망에 스스로 갇힌 한 쌍의 새들이기에, 오로지 진실로만 상대를 대해야 한다는 사실을 늘 되뇌고 성경 읽듯이 숙지해야 한다. 진실을 가지면 따로 계산하지 않아도 손해 보지 않고, 굳이 머리 굴리지 않아도 얻는 것이 부지기수다. 얼마나 마음 편하고 몸 안락하여 행복한가. 진실이 주는 힘.

한 조가 된 두 노마드 청춘들은 달려야 한다는 사실을 벌써 알았다. 성공의 최고비결인 무심의 성취도 알았다. 그건 바로 '관계와 협력'의 인간존재를 체험하고 구현하는 수행조(修行組)를 짜는 일이고, 인간 삶의 토대를 갖추는 것이다. 부부가 되는 일이 그렇다는 거다.

그들은 집이 없으면 지하방도 가리지 않는다. 월세나 전세도 가리지 않고, 그 마저도 안 되면, 야산에 텐트치고 살 각오를 한다. 두 노마드 청춘은 할 수 있다. 청춘 둘이고 노마드 둘은 무서움이

243

없고, 장애가 없다. '물렀거라!'다.

조원으로 같이 살면서 환경과 조건을 철저하게 무시하면, 무시한 만큼 힘을 얻는다. 나아가 닦지 않아도 얻는 무심청춘들의 무심생활이 되면 인생효율은 상상을 넘어선다. 셈으로 도달하지 못하는 시너지효과가 고스란히 그들의 것이다.

인생의 진정한 즐거움, 숭고한 인생의 뜻은 무심 가운데 한없이 펼쳐져 나간다.

장엄한 인생초원에 떠오르는 태양의 아침햇살로-.

'또 하나의 눈', '또 하나의 팔'

인생을 좀 살아보면, 삶은 때때로 땀나는 일임을 문득문득 깨닫게 되고 알게 된다. 비록 큰 뜻을 갖지 않은 장삼이사(張三李四)의 평범한 삶이어도 예외가 아니다.

이름난 거부장자나 권세가가 아닌 장삼이사가 지극히 평범한 삶을 눈에 띄지 않게 살았다고 해도, 거기엔 삶의 지혜가 있고, 상당한 경지의 노련함이 주는 자기체험이 있다.

왜냐하면 세상은 호락호락 하지 않고, 삶은 녹록하지 않기 때문이다. 서로의 생각과 뜻들은 날줄씨줄의 교차로 어우러져 단순하지 않는데, 거기서 살아낸 인생들이다. 설령 겨우 밥만 먹고 살았어도 -.

나만 바르다고 다 통하는 것도 아니다. 다 통하면 오히려 간단

할 수 있다. 나만 운전을 잘 한다고 해서 교통사고가 없으란 법이 없는 것과도 같다. 나와 관계없는 일들이 나의 의사를 떠나서 나와 관계있게 등장하는 게 인간사회의 현실이다.

그래서 인생을 조금 살아본 사람이나 주의력 깊은 사람들은 인생을 살되 매우 조심해서 산다. 무슨 죄를 지어서도 아니고 소심해서도 아니다. 자신의 인생 앞길을 한 치도 내다보지 못하기 때문에 조심을 하는 거다. 최상의 조심은 신앙생활이다. '기도, 첨단 과학도 막지 못하다'의 제하의 글을 발췌한다.

…전략… 기도는 왜 시작되었을까? 불확실하고 그래서 불안하기 때문이었으리라. 수렵채집 시기의 불확실한 환경에서 늘 불안에 떨어야 했던 우리 조상들의 특급 발명품 중 하나가 기도였을 것이다. 기도는 개인이나 집단이 내려야 할 중요한 결정을 초월적 존재(설령 존재하지 않더라도)에게 일임함으로써 불안과 인지 부담을 덜어주는 순기능을 한다. 그래서 기도를 하고 나면 마음에 평온이 찾아오는 것이다. …중략…

불확실한 세상이다. 취업의 문턱에서 고전하는 청년들은 길거리 점쟁이에게 운명을 묻는다. 백년해로를 확신 못하는 커플들이 궁합을 본다. 선거가 다가올수록 용하다는 점집에 정치인들의 발길이 끊이지 않는다. 부모는 자식의 직업과 결혼, 그리고 건강을 위해 또다시 새벽을 밝힌다. 과거의 불안이 종교를 만들었다지만, 글로벌 경제의 불확실성이 주는 현대의 불안은 첨단 수학과 과학으로도 제거되지 않고 있다. 이것이 기도가 여전히 건재한 이유다.

- 2011. 11. 12.『중앙일보』jview15

그렇다. 과학기술문명이 아무리 발전해도 삶에서 해결하지 못하는 부문이 있다. 인간의 눈 말고 또 하나의 눈을 필요로 하는 이유다. 인생의 조는 평생을 살면서 어느 시점에 이르면 서로가 가진 두 쌍, 네 개의 눈 말고, 또 하나의 눈을 찾게 된다. 두 사람의 눈만으로는 안 되는 일이 있기 때문이다. 자식 키우고 부모 모시고 사람 노릇하고 남들과 어울리고 서로 돕고 보살피고……, 이런 일상의 삶이 호락호락 뜻대로 척척 되는 것이 아니기 때문이다. 남들이 다하는 일로 매우 쉬운 것 같은데도.

일상 가운데서 일상을 떠난 '또 하나의 눈', 바로 끊임없이 자기를 되돌아보게 하는 자아탐구의 영원한 사회교육이다. 그 교육은 정기적으로 줄곧 받아야 유효하다. 인생에는 두 쌍의 눈으로는 보이지 않고 볼 수 없는 은밀한 곳이 있어서다. '또 하나의 눈'으로 살펴야 볼 수 있다. 그걸 볼 수 있어야 삶을 살아가기가 쉽다는 말이다.

사람에겐 자연을 감싸고 인간세상을 감싸는 마음의 두 팔이 필요하오. 그대는 마음의 한쪽 팔을 잃은 지 이미 오래라, 자신이 마음의 불구자임도 잊고 있소. 그러니 그대가 어찌 세상을 따뜻하고 온화하게

247

감쌀 수 있겠소.

진정 그대가 올바른 삶을 다시 찾고자 한다면 잃어버린 마음의 다른 팔을 하루빨리 찾아내시오. 그리고 양 팔로 인간과 자연을 뜨겁게 감싸 안는 희열을 느껴보시오. 그러면 세상만사가 그대 뜻대로 되지 않음이 얼마나 다행스럽고, 자연스러운지를 진정으로 느끼게 될 것이오.

– 이시우, 『인생』

'또 하나의 눈'
'또 하나의 팔'

이것을 얻는데 자아탐구의 사회교육이 매우 유용하다. 최고의 이 교육은 신앙을 가지는 일, 곧 종교에 귀의(歸依)다. 누구나 일상의 삶은 눈에 보이고 귀에 들리는 현상에서 진행된다. 그러나 종교는 눈에 보이고 귀에 들리는 현상의 삶을 넘어선 궁극적 본질에 접근한다. 물론 현상을 통해서이지만 그걸 사람들에게 일깨워 주거나 암시해 주고 있는 것이다.

현상에 사로잡힌 인간을 순간적으로 되돌아보게 하여, 꽉 막힌 현상을 타파하는 근원적인 힘을 종교는 일깨워 준다. 아무리 좋은 성인(成人)들의 사회교육 프로그램도, 종교의 현상을 넘어선 본질에 대한 가르침을 능가하진 못한다. 시공을 초월한 성인들의 여여(如如)한 안목과 몸소 보여준 삶의 모습, 교훈 때문이리라.

우리나라는 여러 종교가 있고, 거기에 따른 선택의 자유가 있다. 그럼에도 자기종교만이 최고인 양 생각하는 사람들도 간혹 있다. 이건 인간존재의 '관계와 협력'을 모르는 덜 익은 신앙이다.

그러나 많은 종교들이 대한민국이라는 터전에서 어우러져 각자의 빛깔을 내뿜으며, 서로 밀접한 영향을 주고받는다. 그러므로 타종교에 대한 예의와 이해가 필요하다. 거기서 각 종교나 신앙인들은 얻는 것이 있고 국민정신은 드높아 갈 것이다.

우리 국민들 모두가 종교를 가졌으면 좋겠다. 각자의 판단에 의해서 종교를 의지하고 살았으면 좋겠다. 종교를 갖게 되면 자아탐구의 사회교육은 자동적으로 이루어진다. 매주 시행하는 그 교육에 참여하면 된다. 힐링이라는 뜬금없는 말은 사라지고 말 것이다.

주 5일은 일하고, 토요일은 집안 일 하거나 등산가고, 일요일은 자아탐구의 사회교육장에 간다. 결혼이나 축하행사는 주중의 저녁에 하고 - .

우리가 원하는 '또 하나의 눈', '또 하나의 팔'을 얻어 평화 속에서 마음 편하고 기쁘게 살기 위해서다.

마음을 텅 - 비워간다

노마드 청춘들은 자신들이 지닌 권리를 포기해야 한다. 당당하고 용기있게 기득권(부모나 사회로부터)을 내려놓아야 한다.

그런데 내려놓지 못하고, 도움 받을 생각에 줄곧 빠져 있으면, 인생초원을 적기에 마음껏 달려보지 못하는 부족한 인생이 된다. 이건 노마드 청춘들에겐 수치고 두 번 살 수 없는 일생의 아쉬움이 된다. 정신의 허약함, 육신의 나태와 안일, 거기에 따른 책임회피 - , 결국 노마드 청춘의 부끄러움이 되고, 두고두고 인생의 수치가 되고 만다. 나중에 인생선배로서 자식들을 앞에 앉혀 놓고, "난 인생을 이렇게 살았다"는 당당한 자기고백을 할 수 없게 된다. 인생에서 내놓을 정신의 보물이 없는 것이다. 교훈 없는 부모의 삶이 된다. 평생을 살아놓고도 - .

자신의 마음 밖에서 구하는 건 언제나 불충분하고 불완전하다. 완벽할 수 없다. 누가 주지 못하고, 밖에서 얻지 못하는 건, 자기 스스로 채워 나가야 한다. 우선 욕심을 낮추거나 버리는 것이다. '욕망의 눈'을 다는 것이 최선이다. 곧 마음을 텅 − 비워가는 것이다. 자아탐구의 사회교육을 통해서 −.

무엇을 그렇게 심각하게 따지오. 언제나 잘난 척하는 그대는 오만의 석성(石城)이 무너질까 봐 지금 공포에 떨고 있소. 수많은 사람 중에 그대 생각만이 언제나 가장 정당하고 존귀하다고 그대는 우겨대고 있소. 이것이 그대의 진실한 겉모습이고 내면의 영혼이라면 더 큰 불행이 닥치기 전에 하루 빨리 마음을 교정해야 하오.

눈을 살며시 감고 호흡을 점차 낮추면서 깊은 명상에 들어가 보오. 캄캄한 적막 속에서 아무것도 잡을 것 없는 텅 − 빈 가운데, 차츰 두려움이 사라지면서 마음은 평온해지고, 어둠이 사라지면서 다시 밝은 광채가 나타날 것이오. 그러면 지금까지 경험한 적이 없는 미물의 다양한 소리 들려 함께 사는 의미를 깨닫게 될 것이오.

자, 이제 그대는 우주와 합일했소. 이러한 명상을 그대로 지닌 채 이제 눈을 살며시 뜨시오. 그리고 그대로 세상을 바라보시오. 탁 − 놓아버림이, 꽉 − 잡는 것보다 훨씬 소중하고 진실한 것임을 그대는 이제 잘 알 것이오.

− 이시우, 『인생』

노마드 청춘들이 인생의 조를 짜면, 위의 글처럼 마음을 비우고 인생초원을 마음껏 내달리자. 숨이 턱에 닿도록 기진맥진 달려봐야 비로소 초원의 참맛을 알고 자신을 안다.

오늘의 세태는 흡사 유목민들의 초원과 같다. 노마드 청춘들은 도시유목민이 되어 인생초원인 세계를 무대로 달린다. 나아가 남녀노소 공히 달려야 하는 것이 현대인의 삶이다. 능력이 요구된다. 둘은 시너지의 뛰어난 능력이 된다.

따라서 함께 달리는 건 혼자 달리는 것보다 훨씬 쉽다. 젊어서 마음껏 달리면 늙어서 달리는 것과는 비교조차 안 된다. 그리고 둘이서 마음을 비워 함께 달리면 거기서 인간애를 느낀다. 사람 귀한 줄을 안다. 비로소 인간이 되어 가는 것이다. 돌발 상황이 생기면 같이 생각하고 같이 처리할 수 있어서다. 초원에서 간직한 인간애는 언제나 서로 존중하고 솔직하여 모든 걸 공유한다.

그러기 위해서는 반드시 서로 사랑하는 사람을 선택해서 시작해야 한다. 비록 남녀의 뜨거운 사랑이 오래 가지 못한다고 해도, 사랑으로 출발해야 인간애로 커서 앞으로 나아갈 수 있고 문제해결의 능력을 연속적으로 갖추게 된다.

얻는 성과는 공유다. '부부애·인간애'가 근본이기 때문이다. 정신적 물질적 구분 없이 철저하게 공유해야 한다. 물론 자식에 대한 책임도 공유해야 한결 수월할 것이고 즐거울 것이며, 인생의 깊은 의미를 내밀하게 깨닫게 될 것이다.

다행히 우리 사회는 그렇게 가고 있다. 우선 육아를 위한 아빠들의 휴직이 늘고 있다고 매체는 전한다. 무엇보다 그런 책임정신을 공유하고 있다는 사실이 희망적이고 반가운 일이다. 통계 숫자로만도 벌써 아빠 육아휴직자가 2012년 말에 3,000여 명이라고 한다.

생명을 대하는 일에 남녀의 구분이 있어선 안 된다. 자녀양육에 있어서 부부의 책임이 나눠지거나 한 쪽으로 기울어져선 안 된다. 무엇보다 자녀를 키워 봐야 기쁨을 알고, 생명의 외경을 알고, 자신을 알고, 인생의 존엄과 보람, 가치를 안다. 부모도 알고 조상도 알고 남도 알고 이웃도 알고 국가의 계속성도 알게 된다. 아동학자들은 '갓난아기를 아빠의 가슴에 올려놓고 잠을 재워 보라'고 권한다. 신문에서는 자녀들과 친해지려면 '육아휴직을 내라'고 적극 권한다. 이것이 마음을 비워가는 삶, 도(道) 닦는 인생들의 행진이고 싱그러운 초원의 말 달리는 삶이다.

노마드 부부는 같이 살면서 토론도 하지만 걸핏하면 맞장도 뜬다. 벼랑 끝까지 '밀·당'으로 대립하다가, 다시 우유와 물처럼 섞이어 화해하는 속알머리 없는 난해한 사람들－.

다투고 양보하고 나아가고 물러서고 타협하고 존중하고 미워하고 승복하는 승자없는 칼로 물 베기의 한심하고 어처구니없는 주연 배우들, 그들이 말달려 살아내는 오늘의 초원현실－.

이 에너지 왕성하기 그지없는 인간관계는 결국 인간정신의 자기향상을 위한 필수기제이고, 과정이고, 도정(道程)이다. 인간성숙을 위한 끝없는 향상일로(向上一路)의 길인 셈이다.

과연 누구와 더불어 이런 단련, 이런 수행을 그토록 열렬하고 정열적으로 밤낮 맞붙어 할 수 있겠는가? 멋스럽게 말해 부부의 치열한 삶은 숙녀가 되고 신사가 되는 반드시 거쳐야 하는 인격수련 코스이다. 그 성숙은 '인생도사(人生道士)'다.

과거 시대의 부부단련은 오늘날처럼 흥미진진하지 못했다. 한쪽이 체중미달로 공정하지 않았기 때문이다. 어른과 아이의 싸움이었다. 이제는 체급이 같아 상황이 달라졌다.

오늘의 용광로 같은 단련의 싸움에서는 체중이 같아져 한 판 붙어볼만한 호조건이다. 대등하기에 서로가 강해지는 멋있는 단련의 싸움이다. 싸우고 나면 훌쩍 커져 있다. 적이 아니라 나를 키워주는 싸움파트너인 일심부부다. 이런 용장부부(勇壯夫婦)는 결코 약졸 남편이나 치사한 아내가 아니라는 거다.

그런 치열함으로 노마드 청춘들은 인생초원에 말머리를 같이 하여 질주한다. 한 평생의 인생에서 누구와 더불어 이렇게 인생을 연마하고 단련의 다함없는 향상일로(向上一路)의 초원을 달리겠는가?

결국 낭만어린 로마로 가는 멋진 길일지도 모르겠다. 인생의 '로마'로 가는 행복한 길 말이다.

부부는 둘도 없는 동지

분노를 포기하라. 자만심을 버려라.

모든 집착으로부터 벗어나라.

몸과 마음에 집착이 없는 자는 고통의 불행에 떨어지지 않는다.

성현이 이르기를, 사람을 볼 때는 다만 그 생의 후반을 보라.

- 고전

인생의 치열한 단련과정을 거치면서 노마드 청춘들은 숙녀가 되고 신사가 된다는 걸 앞에서 말했다. 이런 사실을 분명히 알고 미리 단단히 각오해야 인생길이 보이고 힘이 훨씬 덜 든다. 아니 즐기면서 여유작작으로 달릴 수 있게 된다.

열렬한 삶의 과정, 그 상대는 조를 이루는 부부 이외에는 이 세상 그 누구와도 불가능하다. 제자와 스승도, 부모와 자식도 이처럼 뜨겁게 용해와 응고의 과정을 되풀이 거칠 수는 없는 일, 인생의 순금을 얻는 건 부부만이 가능한 '관계와 협력'의 인간관계에 의해서다. 해서 부부는 참 묘하고 불가사의하다. 그런 인간관계를 부부는 일생동안 마음껏 누린다. 거기서 가장 크게 얻는 건 정채어린 정신의 순금.

서로의 인생이 한없이 치열해져 엄청 독해질 수도 있고 무지 유순해질 수도 있다. 부부는 이런 상대다. 한없이 거칠어질 수도 한없이 평화스러워질 수도 있는 상대, 노마드 청춘 부부 이외에는 그 누구도 이런 천고만고의 안성맞춤 상대는 없을 것이다.

극히 위태위태하면서도 파경에 이르지 않는 절묘한 인간관계, 그런 역동적이고 밀착된 인간관계이기에 강력하기 그지없는 삶의 힘이 솟아나온다. 육체의 애정이나 물질을 넘어선 진정한 자비와 사랑, 그걸 부부만의 자애가 아닌 인간애라고 할까, 우선 부부애라고 말해 두자. 노마드 청춘 부부에게 절정기 인생의 묘미를 느끼게 하는 인생무대인 초원애(草原愛)라고 덧붙여 두자.

정말, 멋지고 감탄스럽지 않은가. 일심부부의 삶이 말이다. 끝인가 하면 가운데고, 가운덴가 하면 어느덧 끝에 이르고. 그 양쪽 모두를 동시에 초월하고 동시에 융합하는 진리적인 실제의 삶, 일심부부 자신들이 알든 모르든, 깨닫든 깨닫지 못하든 힘차게 진리를

실현하고 있는 그들의 삶이다. 인생살이에서 분명한 건 때가 되면,
지내놓고 보면 자신들이 깨닫고 알게 된다는 사실이다. 그 땐 다
음 생에 또 만나자고 서로 손 내밀어 약조할 것이다.

진리의 삶, 이런 삶이 부부 사이에서는 하루 이틀이 아닌 평생
구현된다. 바야흐로 부부는 삶의 달인이 되어가고, 진리의 벗인 도
반(道伴)이 되어가고, 이 세상 둘도 없는 삶의 동지가 그렇게 되어
간다.

무심(無心)으로 피우는 꽃동산

'관계와 협력'은 인간이고, 삶이고, 펼쳐 놓은 인생무대이다. 그리고 노마드 청춘들의 초원이다. 그러나 연극을 위한 연극무대가 아니다. 단 한 번을 전제로 한 삶, '관계와 협력'의 '실제무대'이다. 그래서 부부는 치열하게 삶을 사는 1회 연극의 주인공이다. 여기, 이 치열함에 대역이 있을 리 없다. 주인공 배우가 바로 투입되는 현장무대, 이 몸으로서는 단 한 번의 유일무대다. 신비스럽기까지 하다. 주인공으로 신비스러운 삶을 가슴 떨리게 살아가고 있음을 알자. 축생인 비둘기와도 대화를 나누면서.

창문 밖 난간에 조용히 귀기울여 감미로운 음악을 듣는 예쁜 비둘기 한 마리.

너는 틀림없이 전생에 유명한 예술가였나 보다.

고전음악을 무척 사랑했고, 또 작곡을 했거나 연주를 열심히 했던 그 예술가의 혼이 지금 너를 이토록 음악에 심취토록 하나보다.

음이 높아지거나 빨라질 때면, 머리를 치켜세우거나 소리 나는 내 방 쪽으로 고개를 갸우뚱거리며, 무엇인가를 나에게 전하려 했지만, 어리석은 나는 너의 깊은 마음 도저히 헤아릴 수 없어 얼마나 안타까워했는지.

꼼짝도 않고 한 자리에 한 시간 이상 조용히 음악을 듣고 있는 너는, 도대체 어느 위대한 예술가의 영혼을 지녔는가!

– 이시우, 『인생』

다신 안 볼 것처럼 초원의 끝까지 달려갔다가도, 돌아올 때는 아무 일 없었다는 듯 얄밉도록 태연한 저 모습들, 도대체 노마드 청춘의 일심부부는 천변만화(千變萬化)의 조화옹(造化翁)들인가.

부부의 야릇한 마음, 한심한 것처럼 보이지만, 알고 보면 무심에서 비롯되는 인간초능력이다. 무심청춘이니까 무심노마드니까 그런 일들이 가능하다.

무심이니까 고집 세웠다가도 없는 일이 되고, 무심이니까 싸웠다가도 손 내밀고, 무심이니까 쉬이 얼음이 되고 다시 물이 되고, 북풍이 되고 봄바람이 된다.

그 무심의 현장이 바로 가정이다. 때에 따라 장소에 따라 이리저리 역할이 바뀌는 주인공이 일심부부이다. 그 대단한 무심문화

의 전승자인 사부는 부모고 계승자 상속자인 제자는 자라나는 '아
들·딸'들이고.

그런 곳을 '행복의 전당'이니, '평화의 터전'이니, '영혼의 안식
처' 등으로 달콤하게 표현한다. 아니다. 그런 표현은 식상하고 부
족하다. 새 시대에는 새 표현이 맞다. '가정은 안심입명(安心立命)의
무심장(無心場)'으로.

온갖 것들을 갖춘 무심세계(無心世界)이기 때문이다. 그러기에
가정은 평화의 낙원, 온 가족이 어울려 아름답게 살아가는 백화난
만(百花爛漫)의 꽃동산, 무심으로 피워내는 '무심꽃동산'이다.

'무심꽃동산'은 아름답다. 나를 내려놓아서이다. 나를 계산하지
않아서이다. '나[自我, self]'라는 모든 생각을 헤어진 고무신을 쓰레
기통에 버리듯 버림이어서다. 이 버림은 위대하다. 진정한 얻음의
버림이기 때문이다. 울타리를 걷어내면 세상이 내 소유가 되듯이.

나를 버릴 때 가정은 온갖 꽃들이 다투어 피어나는 만화방창(萬
化方暢)한 평화낙원의 무심장이 되는 것이다.

가정, 세상에서 가장 소중하고 아름다운 '무심꽃동산'.

거긴 백화(百花)가 경개(競開)하고 온갖 새들이 노래하는 낙원이
다. 이 꽃동산을 어떻게 가꿀 것인가? 걸핏하면 화내고, 서로 밀어
낼 것인가?

아니다. 되레 쉽다.

화냈어도 화낸 적이 없어야 하고, 밀어내도 밀어낸 적이 없어야, '무심꽃동산'이 된다. 부부들의 몫이다. 주인공들의 능력이다. 하나만 약속하자.

'부부, 서로 독립운동 하듯이 강한 자기주장으로 살지 말자고─.'

지금은 분명 독립지사들이 만주벌판을 풍찬노숙으로 말 달릴 때가 아니지 않은가.

필자는 한 마디 더 하고 싶다.

"가정을 평화낙원의 '무심꽃동산'으로 만들어 주세요."

'관계와 협력'이다

형성된 모든 존재는 '관계와 협력'에 의해서다. 이것이 존재의 실상(實相)이고, 인간과 우주의 근본이다. 따라서 '진리'라고 부른다. 진리에도 공식이 있다. '관계'는 '협력'이고, '협력'은 '관계'이다.

관계는 협력을 낳고 협력은 관계에서 태어난다. 관계는 서로[相]를 말하고, 서로는 대립과 경쟁이 아닌 화합과 이바지의 협력을 말한다. 대립과 경쟁이 관계가 아니고 협력이 아니라는 거다.

오늘날 비뚤어진 사고들이 존재를 특히 인간을 대립과 경쟁으로 몰거나 부추긴다. 죄짓는 일이다. 왜냐하면 '관계'를 생존이라고 말할 수 있어서고, '협력'을 공존이라고 말할 수 있어서다. 서로가 의지해 있어서 '관계'이고, 상생이어서 '협력'이다.

생태계의 먹이사슬이 이를 잘 설명해 주고 있다. 이처럼 '관계'의 틀에서 '협력'을 봐야 양질의 봉사와 헌신을 낳게 되고, '협력'으로 '관계'에 도달해야 '평화 · 행복'이 온다. 그 바탕은 '무아 · 무심'이다.

‘관계’를 떠난 ‘협력’은 치우친다. 자기중심적이 될 수 있기 때문이다. 그러나 ‘협력’을 통해 ‘관계’에 도달하면 관계가 아름답고 소중해지고, 다시 ‘관계’를 통해 ‘협력’에 도달하면 협력은 더욱 순수해진다. 그렇지만 ‘관계’와 ‘협력’을 따로 보게 되면, 겉모양만 보게 된다. 깊이가 없어서 진실에 가 닿지 않는다. 종내 너나없이 부족한 삶이 되고 모두가 불행하고 고통에 빠져 들게 된다.

깨달음도 결국 ‘관계와 협력’에 대한 자기체험을 말한다. 이 둘은 불가분이다. 겉으로는 둘로 보이지만 실지로는 둘이 아니기에 불이(不二)라고 말한다. 그렇다고 무작정 하나라고 말하면 큰일 난다. 생명본칙에 위배되어서다. ‘하나’가 되자는 말은 위험하다.

겉보기에 이 둘은, 서로를 요구하거나 원하지 못한다. 다만 ‘관계’에서 ‘협력’을 보고, ‘협력’에서 다시 ‘관계’를 볼 뿐이다. 관계는 상호적이기 때문에 협력이고, 협력은 당위성을 지향함으로 관계를 강화한다. 또 관계라는 말 속에는 자유와 평등이 들어있고 협력이라는 말 속에는 자애(慈愛)와 자율(自律)이 들어 있다.

따라서 ‘관계와 협력’은 진정한 현실이다. ‘진정한’의 뜻에는 시간과 공간을 초월해 있어서 시간과 공간에 구애되지 않음을 의미한다. 이런 ‘관계와 협력’의 바탕은 무아(無我)이다. 마음의 고요하고 밝은 본지(本地)라는 거다. 즉 고요와 밝음은 둘 다 양질의 ‘봉사와 헌신’을 뱃속에 채우고 있다. 이걸 무연자비(無緣慈悲)라고도 한다. 어떤 관계가 있어야 ‘봉사·헌신’을 하는 게 아니라, 생명자체가 고요와 밝음의 자애이기에, 누구에게나 힘이 닿는 대로 자애를 스스로 행한다는 거다. 태양광명체가 친소(親疎)에 따라 빛의 양이 달라지는 게 아니라는 것과 같다는 뜻이다.

인간사회에서 '관계와 협력'의 최초단위는 부부다. 기초가 튼튼해야 건축물이 안전하듯이 부부 사이가 튼튼해야 매사가 순조롭고 가정이 행복하다. 나아가 사회가 안전하다. 이런 '관계와 협력'은 결국 존재에 대한 자기 체험이고 존재가치에 대한 자기 지혜에서 비롯된다. '관계와 협력'에 대한 체험이 더할수록 깨달음이 커가기 때문이고, 학습하고 몸에 익히는 일상의 실천적인 삶이 깊어질수록 인생 또한 깊어진다. 즉 체화하지 않으면 자신의 인격이 되지 못하고 신념이 되지 못한다. 두가지를 강조하겠다. 책임과 선택.

'관계와 협력'은 책임이다. 이 책임은 가까울수록 크다. 부부, 부모와 자식……, 이런 지근의 인연이 그걸 말해 준다. 자연도 그렇다. 별들도 가까이 있는 것끼리 상호 주고 받음의 수수(授受)가 밀접하다. 이런 점에 선 무연자비(無緣慈悲)가 아니라고 해도 어쩔 수 없다. 그러나 실지로는 조건없는 무연자비다.

'관계와 협력'은 선택이다. 정신의 궁극적인 주인공 입장에서다. 그렇지만 평범한 입장에서 보면 당사자의 의사에 관계없이, 관계는 주어진 것이고, 협력은 취사선택을 거듭해야 하는 번거로움이다. 그러나 이건 '관계와 협력'에 대한 겉보기이고 실제로는 창조성을 지닌 선택이다.

따라서 모든 인생은 기여와 이바지를 위한 봉사와 헌신이다. 양
질의 덕행일수록 인간존재의 본질에 가깝게 다가간다. 여성성이
거기에 가깝다는 걸 이 책은 시종 말하고 있다.

광덕총서 체용불이(光德叢書體用不二) 시리즈

취지문

백천삼매(百千三昧)를 순식간에 닦아 마친다는 말이 있다. 놀랍다. 과연 그런 신통비법이 있을까? 있다면 어디에 있을까! 잘 믿어지지 않는다. 그러나 고인이 분명 이르기를 근본을 얻으면 일체를 얻는다고 했다. 즉 체상용(體相用)을 온전히 한 공(功) 때문이다. 진리에 대한 참다운 믿음으로 공(公)을 성취한다면 하는 일마다 그것과 다르지 않고 가는 곳마다 거기서 떨어져 있지 않기에 처처불상(處處佛像), 사사불공(事事佛供)이라고 했다. 그러므로 굳이 공덕이라 이름 할 것도 없다. 그렇게 평범하다.

사람으로 태어나 일생 동안 온갖 일을 다 하면서 살아도 결코 그것과 다른 일이 아니며, 또 원래의 자기 뜻대로 이루어졌건 이루어지지 않았건 그 모두는 성공하거나 실패한 일이 아니고 또한 남의 일도 아니다. 다만 가지가지 일들은 가지가지 뜻이 있으니, 그 일의 근본 뜻을 거둬들이면 자연히 놓아줄 줄도 알게 된다. 어찌 일 따로 사람 따로 천 갈래 만 갈래의 구분이 있겠으며 너와 나의 차별이 있겠는가. 오직 물물이 삼매요, 둘이 아닌 지극함이로다.

예부터 감로불사(甘露不死)의 길을 찾아가는 사람들을 수행인이라고 불렀고 불자(佛子)라고 칭했다. 그렇다면 부모 모시고 자식 키우며 이웃과 더불어 착하게 살아가는 지극히 평범한 일상, 이것이 어찌 불자의 수행이 아니며 그 도리가 아닐까. 또 그런 세세한 일상을 빼고 무엇을 따로 진리라고 말하겠는가? 삼라만상 두두물물 일체처 일체시가 오직 한결같은 그 일이고 잠시도 어긋나지 않는 오직 한 가지 일임에 있어서이랴! 우리는 불교를 알건 모르건 내지 모든 분별을 떠나서 사실은 그런 생명의 길을 가고 있는 것이다. 제각각 삶의 모양새〔체험〕를 통해 드러내 보인 것이 체용불이 소식이고, 그 문자 소식이 이 시리즈의 책들이다. 고인이 간 참된 길을 후인들도 함께 가며 그 흔적과 증거를 환히 밝히기 위해 햇불을 높이 들어 보이려고 한다.

1. 불문학자가 본 불교 – 달처럼 매화처럼

달을 잊고 사는 세상, 우리의 마음이 그만큼 분주하기 때문이다. 잃어버린 달을 찾고 달 아래 피는 매화를 바라보며 매향(梅香) 가득한 세상을 염원하는 생땍쥐베리 전공인 노불문학자 조홍식 박사의 세상을 향한 기도와 염원이 담겨있다.

글 조홍식/ 368쪽/ 값 9,000원

2. 천문학자와 붓다의 대화 – 천문학자가 본 우주의 진리, 인간의 진리

– 2003 한국간행물윤리위원회 과학분야 선정도서(제52집)

– 2004 창작과 비평 선정도서(제124호)

별들의 탄생, 사랑, 다툼, 아픔, 죽음을……, 별들이 전하는 우주의 도(道)를 이시우 박사가 40년간 듣고 들은 대로, 보고 본 대로 기록하였다. 이 동양의 장대한 정신과 서양의 정치한 과학기술의 만남–

한국 관측천문학의 개척자 이시우 박사가 두 팔 걷어 붙이고 주선하는 동서양의 허심탄회한 만남을 통해 광대무변한 우주화엄법계의 초호화 쇼가 한국에서 펼쳐진다. 독자들은 이 책을 통해 '서양의 과학을 알면 동양을 더 잘 알게 되고, 동양을 알면 서양이 산다'는 말을 새삼 실감하게 된다. 또한 여기, 현대 과학기술문명시대에 붓다와 천문학자가 나누는 신비스런 대화를 통해 불교의 뜻, 과학의 길이 더욱 분명하게 드러난다. 지구위기의 해답과 출구를 찾아본다.

글 이시우/ 384쪽/ 올컬러/ 값 18,000원

3. 흰구름 오려서 누더기 깁고 – 화필 40년, 그림과 불교의 만남

붓을 잡고 처음 한 일이 사찰의 불화작업이었다는 저자의 그림과 불교 인연. 대학 강단에서 학생들을 지도하면서 초심을 놓지 않고 붓을 잡아온 그만의 침묵과 고요의 세계가 수행의 한 편린처럼 그려져 있다. 물고기는 물과 다투지 않고 주객은 술과 싸우지 않는다는 말이 있듯이 저자 고현 교수는 다투거나 대립하지 않고 산다. 사람과도 자연과도. 이 책에 그 비법이 담겨있다.

글 · 그림 고현/ 296쪽/ 올컬러/ 값 15,000원

4. 나는 인도를 보았는가

자연과 인간의 만남, 인간과 인간의 만남, 문명과 인간의 만남, 상생의 세계를 재발견해 삶의 본질을 추구하여 밝히는 그림을 그려온 이호신의 인도그림편지. 인도의 아버지 간디, 지성과 문화의 표상 타고르, 20세기 인류의 어머니 테레사 수녀, 붓다의 생애를 흠모하며 순례했던 경험과 아잔따, 엘로라 석굴, 따지마할 등 인류의 문화유산을 보고, 다양한 인도 사람들과의 만남을 통해 느낀 단상을 그림과 일기 형식의 글로 엮었다.

글 · 그림 이호신/ 360쪽/ 올컬러/ 값 15,000원

5. 흙에서 빛으로 – 평범한 주부가 일상에서 깨달은 이야기들

도예의 길을 함께 걷는 도공 일가족, 부부 도공의 아내로서, 자식도공의 어머니, 또한 수필가이며, 달라이 라마의 신봉자 따시쵀된 [등불] 이순이의 삶이다. 자연 속에서 일상 속에서 살며, 그 가운데서 발견하는 순수. 글 한 줄 한 줄이 평화롭다. 의외의 의표를 쳐서 신비롭기까지 하다. 그의 평범한 삶의 모습을 진솔하게 수필로 엮고 있다. 한 여성인 이순이 도공의 삶의 밝은 이야기들.

글 이순이/ 사진 김창묵/ 334쪽/ 2도/ 값 10,000원

6. 이 나라에 國魂은 있는가 – 박세일의 삶과 세상이야기

우리시대 최고의 경세가 박세일 교수의 나라 사랑의 헌신적 삶과 전략을 담은 최초의 대담집!

"근래 들어 나라의 국격을 높이자는 얘기들이 많지만, 그 이전에 과연 이 나라에 국혼은 있는지부터 묻고 싶어집니다. 국혼을 살리려면 먼저 자주독립의 주인정신과 애국애족의 마음부터 살려내야 합니다"라고 저자는 말하고 있다.

글 박세일/ 352쪽/ 값 13,000원

7. 體用不二 7[관계와 협력①] 여성이 답이다 – 공주를 위한 여성이야기

공부하는 주부를 위한, 이 시대를 여는 위대한 여성이야기―,

남성들에게 여성성을 모른다고 말하려는 것이 아니다. 남성을 여성화시키기 위해서, 또는 누구를 가르치기 위해서도 아니다. 다만 진리를 찾다 보니 나름으로 바른 정신을 추구하게 되었고, 그걸 인간 현실에서 찾는 가운데 여성–, 여성성을 보게 된 것이다. 나아가 여성성인 인간덕성을 통해, '관계와 협력'의 인간과 우주의 근원을 강화해가고 싶은 것이다.

글 지원/ 쪽/ 값 13,000원

8. 날 사랑하여요 – 통방산 오두막소식

통방산에 법회가 진행 중입니다. 천상의 음악인양 새들 노래 들리고 태양은 큰 광명을 놓아 문살문 환히 밝았습니다. 문 닫고 앉은 허물 새들은 알고 있는지 어서 나오라 문 쪼아대네요. 이 책에는 한량없는 자연의 서정, 그 속에 꽂히는 핵심이 있다.

글 · 사진 정곡스님/ 275쪽/ 올컬러/ 값 16,000원

여성이 답이다

공주를 위한 여성이야기

글 지원
펴낸이 김인현
펴낸곳 종이거울

2013년 6월 15일 1판 1쇄 인쇄
2013년 6월 20일 1판 1쇄 발행

인쇄 금강인쇄(주)
등록 2002년 9월 23일(제19-61호)
서울사무소 서울시 종로구 경운동 96-21
전화 02-419-8704
팩스 02-336-8701
E-mail dopiansa@hanmail.net
홈페이지 http://www.dopiansa.or.kr

ⓒ지원

ISBN 978-89-90562-43-2 04190